全国交通运输职业教育高职汽车运用与维修技术专业规划教材

Qiche Jianding yu Pinggu
汽车鉴定与评估

全国交通运输职业教育教学指导委员会 组织编写

王俊喜 主　编

朱　凯　贾明萌 副主编

金加龙 主　审

人民交通出版社股份有限公司
China Communications Press Co.,Ltd.

内 容 提 要

本书为全国交通运输职业教育高职汽车运用与维修技术专业规划教材。本书分为四个模块,主要内容包括:二手车鉴定评估受理、二手车技术状况鉴定、二手车价值评估和事故车鉴定评估。

本书可作为高等职业院校汽车运用与维修技术专业、汽车检测与维修技术专业的教学用书,也可作为汽车检测与维修技术人员的培训教材。

图书在版编目(CIP)数据

汽车鉴定与评估/全国交通运输职业教育教学指导委员会组织编写;王俊喜主编.—北京:人民交通出版社股份有限公司,2019.9
 ISBN 978-7-114-15567-3

Ⅰ.①汽… Ⅱ.①全…②王… Ⅲ.①汽车—鉴定—高等职业教育—教材②汽车—价格评估—高等职业教育—教材 Ⅳ.①U472.9②F766

中国版本图书馆 CIP 数据核字(2019)第 101720 号

书　　名	汽车鉴定与评估
著 作 者	王俊喜
责任编辑	张一梅
责任校对	孙国靖　扈　婕
责任印制	张　凯
出版发行	人民交通出版社股份有限公司
地　　址	(100011)北京市朝阳区安定门外外馆斜街 3 号
网　　址	http://www.ccpress.com.cn
销售电话	(010)59757973
总 经 销	人民交通出版社股份有限公司发行部
经　　销	各地新华书店
印　　刷	北京市密东印刷有限公司
开　　本	787×1092　1/16
印　　张	11.75
字　　数	276 千
版　　次	2019 年 9 月　第 1 版
印　　次	2019 年 9 月　第 1 次印刷
书　　号	ISBN 978-7-114-15567-3
定　　价	29.00 元

(有印刷、装订质量问题的图书由本公司负责调换)

前　言

为贯彻落实《国务院关于印发〈国家教育事业发展"十三五"规划〉的通知》(国发〔2017〕4号)精神,深化教育教学改革,提高汽车技术人才培养质量,满足创新型、应用型人才培养目标的需要,全国交通运输职业教育教学指导委员会组织来自全国交通职业院校的专业教师,按照教育部发布的《高等职业学校汽车运用与维修技术专业教学标准》的要求,紧密结合高职高专人才培养需求,编写了全国交通运输职业教育高职汽车运用与维修技术专业规划教材。

在本系列教材编写启动之初,全国交通运输职业教育教学指导委员会组织召开了全国交通运输职业教育高职汽车运用与维修技术专业规划教材编写大纲审定会,邀请行业内知名专家对该专业的课程体系和教材编写大纲进行了审定。教材初稿完成后,每种教材由一名资深专业教师进行主审,编写团队根据主审意见修改后定稿,实现了对书稿编写全过程的严格把关。

本系列教材在编写过程中,认真总结了全国交通职业院校的专业建设经验,注意吸收发达国家先进的职业教育理念和方法,形成了以下特色:

1. 与专业教学标准紧密衔接,立足先进的职业教育理念,注重理论与实践相结合,突出实践应用能力的培养,体现"工学结合"的人才培养理念,注重学生技能的提升。

2. 打破了传统教材的章节体例,采用模块式或单元+任务式编写体例,内容全面、条理清晰、通俗易懂,充分体现理实一体化教学理念。为了突出实用性和针对性,培养学生的实践技能,每个模块后附有技能实训;为了学习方便,每个模块后附有模块小结、思考与练习(每个单元后附有思考与练习)。

3. 在确定教材编写大纲时,充分考虑了课时对教学内容的限制,对教学内容进行优化整合,避免教学冗余。

4. 所有教材配有电子课件,大部分教材的知识点,以二维码链接动画或视频资源,做到教学内容专业化,教材形式立体化,教学形式信息化。

《汽车鉴定与评估》是本系列教材之一。全书由吉林交通职业技术学院王俊喜担任主编，长春凯文机动车鉴定评估有限公司朱凯、吉林交通职业技术学院贾明萌担任副主编，浙江交通职业技术学院金加龙担任主审。本教材的编写分工为：模块一由贾明萌编写，模块二、模块三由王俊喜编写，模块四由朱凯编写。参加编写的还有吉林交通职业技术学院郭玲、吉林交通职业技术学院汲羽丹、吉林交通职业技术学院赵爽、吉林电子信息职业技术学院刘凯等。

由于编者水平和经验有限，书中难免存在不足或疏漏之处，恳请广大读者提出宝贵意见，以便进一步修改和完善。

全国交通运输职业教育教学指导委员会
2019 年 2 月

目 录

模块一 二手车鉴定评估受理 1
  一、认识二手车 1
  二、查验交易车辆 6
  三、业务获取 26
  技能实训 32
  模块小结 36
  思考与练习 36

模块二 二手车技术状况鉴定 37
  一、判别事故车 37
  二、静态技术状况鉴定 42
  三、动态技术状况鉴定 48
  四、二手车技术状况等级判定 49
  技能实训 50
  模块小结 62
  思考与练习 63

模块三 二手车价值评估 64
  一、价值评估方法选取 64
  二、形成鉴定评估结果 88
  技能实训 94
  模块小结 108
  思考与练习 109

模块四 事故车鉴定评估 110
  一、碰撞事故车鉴定 110
  二、水淹事故车鉴定 119
  三、火烧事故车鉴定 123
  四、事故车价值评估 129

技能实训 ··· 131
　　模块小结 ··· 156
　　思考与练习 ··· 157
附录一　机动车登记规定 ··· 158
附录二　机动车强制报废标准规定 ··· 174
附录三　二手车流通管理办法 ··· 176
参考文献 ··· 180

模块一　二手车鉴定评估受理

> **学习目标**
> 1. 能叙述国内外二手车市场情况；
> 2. 能快速准确查验二手车凭证；
> 3. 能正确判别二手车是否可交易；
> 4. 能签订二手车评估业务委托书。

> **建议课时**
> 8课时。

一、认识二手车

(一)二手车市场概况

1. 二手车定义

2005年8月29日，商务部、公安部、工商总局、税务总局联合发布《二手车流通管理办法》，将二手车定义为：从办理完注册登记手续到达到国家强制报废标准之前进行交易并转移所有权的汽车(包括三轮汽车、低速载货汽车即原农用运输车)、挂车和摩托车。在国外，则将二手车称为"Used Car"，意为"使用过的汽车"。

为规范二手车鉴定评估行为，营造公平、公正的二手车消费环境，保护消费者合法权益，促进汽车市场健康发展，2013年12月31日，国家质检总局、国家标准委正式发布了《二手车鉴定评估技术规范》(GB/T 30323—2013)，将二手车定义为：二手车是指从办理完注册登记手续到达到国家强制报废标准之前进行交易并转移所有权的汽车。

2. 二手车交易市场定义

在我国，二手车交易市场是指依法设立、为买卖双方提供二手车集中交易和相关服务的场所。在某些地方，仍沿用旧机动车交易中心的名称，其经营主体是经工商行政管理部门依法登记，从事二手车经销、拍卖、经纪、鉴定评估的企业。二手车交易市场具有中介服务商和商品经营者的双重属性。具体而言，二手车交易市场就是把二手车信息和资源聚集在一起，供买主和卖主进行二手车产权交易的场所。

二手车交易市场经营者应当为二手车经营主体提供固定场所和设施,并为客户提供办理二手车鉴定评估、转移登记、保险、纳税等手续的条件。二手车经销企业、经纪机构应当根据客户要求,代办二手车鉴定评估、转移登记、保险、纳税等手续。二手车交易市场经营者和二手车经营主体应当建立完整的二手车交易购销、买卖、拍卖、经纪以及鉴定评估档案。随着市场经济的发展,二手车交易市场所具备的功能相应增加,主要有:二手车收购、销售、寄售、代购代销、租赁、置换、拍卖、鉴定评估、检测维修、配件供应、美容装饰、售后服务,以及为客户提供过户、转籍、上牌、保险等服务。有的二手车交易市场还具有汽车文化、科技科普教育、展示、旅游、娱乐等功能。

3. 我国二手车交易概况

近年来,随着品牌专卖、大型超市、连锁经营、电子商务市场等经营模式的先后涌现,以及二手车经纪、拍卖、置换、租赁业务等交易模式的不断发展,二手车市场呈现一派繁荣景象,但这些外部条件的变化并没有改变我国二手车市场长期以来形成的以有形交易市场为主体的流通特征。

1) 有形市场占据主导地位

(1) 宏观政策促使二手车交易量上升。自 2015 年 10 月 1 日到 2016 年 12 月 31 日止,我国对购买 1.6L 及以下排量乘用车实施减半征收车辆购置税的优惠。自 2017 年 1 月 1 日起至 12 月 31 日止,则按 7.5% 的税率征收车辆购置税。购置税优惠对于促进汽车销量增长有明显作用,同时也带来了二手车交易量的显著增长。特别是 2016 年 3 月,国务院办公厅发布了《关于促进二手车便利交易的若干意见》,提出"营造二手车自由流通的市场环境"等八条意见(俗称二手车"国八条"),目的是便利二手车交易,繁荣二手车市场,为新车消费创造更大的市场空间。二手车在"国八条"取消"限迁"等政策的驱动下,交易规模同比增速呈现稳步上升态势。虽然新车增幅略大于二手车,但从近 6 年的年均复合增长率来看,二手车市场的增速高于新车。同时国家加强了对于二手车市场的政策辅助。在未来几年二手车市场的潜力将会不断释放,交易规模也将保持较高的增长势头。

(2) 二手车交易市场规模逐年扩大。根据中国汽车流通协会的统计数据,2016 年全国二手车交易市场数量共 1068 家,与 2015 年相比有所下降;市场内的经营服务企业数量为 44274 家,同比增长 10.19%。

2016 年二手车交易市场经营面积总和达 2261 万 m^2,较 2015 年同比上升 4.37%,其中交易大厅面积为 173 万 m^2,较 2015 年同比增长 15.33%。

(3) 乘用车占交易量比重较大,车龄趋于"年轻化"。从中国汽车流通协会发布的百强市场交易车辆结构统计中可以看出,2016 年乘用车占比为 80.9%,比 2015 年增长了 5.6%,占交易总量的 64.7%。车辆车龄为 1~6 年。消费者对汽车的需求类型和活跃度由此可见一斑。

(4) 市场分布区域优势较为明显。受区域经济和汽车保有量基数的影响,华东和华北地区依旧占据整体交易规模的半壁江山,总交易占比达 57.7%。

(5) 经纪类企业依旧占据二手车交易主导地位,消费市场的需求促进服务提升。经纪类企业仍是市场主体,占比为 94.6%;经销类企业数量有所下降,占总企业量的 3.7%;由于国家标准《二手车鉴定评估技术规范》(GB/T 30323—2013)的出台,使市场消费需求以及业务服务质量和水平得到了提升,促进鉴定评估类企业占比上升约为 1.2%。

2）品牌认证二手车大发展

近几年,除了二手车交易市场在不断发展壮大之外,更有不少汽车品牌开始独立建立自己的认证二手车展厅,主要提供车辆置换、收购、销售、售后服务、汽车美容、认证二手车、二手车分期付款等一系列服务功能。这些现象都表明汽车品牌厂家开始注重对于二手车业务的投入和推广,同时消费者在选择二手车时也从只注重价格逐渐向注重品牌、服务等方面发展,所以依托品牌汽车4S店建立起来的品牌认证二手车备受消费者青睐,从汽车4S店购买认证二手车已经成为消费者的首选。目前,品牌认证二手车主要有上海通用诚新二手车、东风日产认证二手车、广汽本田喜悦二手车、广汽丰田心悦二手车、东风雪铁龙龙信二手车、BMW尊选二手车、奥迪品荐二手车、奔驰星睿认证二手车、起亚至诚二手车等,这主要得益于品牌认证二手车有着令人放心的车源和良好的售后服务,从而免除了消费者的后顾之忧,增强了消费者对购买二手车的信心。

3）二手车电商的兴起

二手车电商市场的不断发展吸引了各大资本的关注,其经营模式正在不断创新、扩张中,现在已悄然进入了精耕细作阶段。首先消费者可以直接在网上浏览各家店铺,从中选择适合自己的二手车品牌和车型,进而选择自己满意的产品,并且能直接在网上与店家谈价,这样既节省了消费者的时间,也提高了店家的工作效率。对网络电商而言,有些已经形成了线上线下一条龙服务,只要消费者在网上下订单,二手车销售企业会专门安排工作人员把车开到消费者的楼下,让消费者直接试驾,从而大大提高了顾客的满意度。类似的优点还有很多,所以电商模式将继续给二手车市场带来惊喜。

4）二手车消费环境更加宽容和理性

经过10余年汽车市场的快速发展,我国消费者的消费习惯和消费行为极大地改变了各个汽车品牌在我国的发展格局,相信在不久的将来,也会改变二手车在我国的发展速度和进程。几年前买一台二手车好像是没面子的事,但是随着时代的发展,有品质保证的二手车受到越来越多年轻人的青睐。二手车的消费人群正在悄然发生转变,并且这种趋势会更加明显。

4. 国外二手车交易概况

美、日、德、法等国家的汽车工业高度发达,汽车保有量大,其二手车交易量也很大。二手车市场很成熟,相关制度健全、完善,拥有健全的中介组织和完善的税收政策、过户转籍便利、鉴定评估科学。另外,国外二手车的评估一般由第三方评估机构或评估公司进行。二手车实行认证制度,由汽车生产企业或者大型经销商对二手车进行全方位的质量检测,以确保汽车的品质达到一定的出售标准,同时经过认证的二手车还可以在一定时期内享受与新车同样的售后保障。二手车认证制度建立起了二手车交易的公信力和良好的售后保障体系,为二手车消费者解除了后顾之忧。总体上来讲,汽车工业发达国家的二手车交易数量大、价格低、市场潜力巨大、售后服务完善、政府监管到位、行业自律性强。

以美国为例,其二手车的年平均销售量在4000万辆以上,远超1600万辆的年平均新车销售量。美国二手车的热销,除了与美国民众对二手车的偏爱以外,其主要原因是美国二手车市场已经形成了一套行之有效的市场规则和体制,从二手车认证、置换、拍卖、收购和销售体制,到价格、质量、服务等多个汽车消费环节,都给消费者提供了保证。有成熟的价格评估和质量认证体系,加上权威的认证机构,解决了消费者在交易过程中对诚信方面的忧虑,并且消费者一旦发现所购买的车辆有非人为因素造成的质量问题,只要行驶里程不超过300km或购买天数少于3天,可以全额退款,这让消费者彻底解除了后顾之忧。

(二)二手车未来趋势

1. 新车市场概况

2001～2010年中国汽车销量年均增速约24.0%,2010～2018年年均增速5.7%,其中2018年汽车产业面临较大压力,产销增速低于年初预期,行业主要经济效益指标增速趋缓,增幅回落,并且车市出现自1990年以来的首次负增长,见图1-1。究其原因,一方面因购置税优惠政策全面退出造成的影响;另一方面受宏观经济增速回落、中美贸易战,以及消费信心等因素的影响,我国汽车行业短期内仍面临较大的压力。目前,我国汽车产业仍处于普及期,有较大的增长空间。汽车产业已经迈入品牌至上、高质量发展的增长阶段。

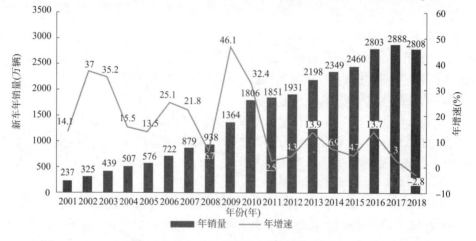

图1-1 2001～2018年中国汽车年销量及增速

根据中汽协发布的最新数据,2018年全国汽车产销分别为2780.92万辆和2808.06万辆,同比下降4.16%和2.76%。其中乘用车产销量分别为2352.94万辆和2370.98万辆,同比下降5.15%和4.08%;商用车产销427.98万辆和437.08万辆,同比增长1.69%和5.05%。中汽协在日前召开的发布会上指出,2018年汽车工业总体运行平稳,受政策因素和宏观经济的影响,产销量低于年初预期,见图1-2。

2018年新能源汽车产销分别完成127.05万辆和125.62万辆,比上年同期分别增长59.92%和61.74%。其中纯电动汽车产销分别完成98.56万辆和98.37万辆,比上年同期分别增长47.85%和50.83%;插电式混合动力汽车产销分别完成28.33万辆和27.09万辆,比上年同期分别增长121.97%和117.98%。

2. 汽车保有量

随着我国经济社会持续快速发展,机动车保有量继续保持快速增长态势。据公安部统计,2018年全国新注册登记机动车3172万辆,机动车保有量已达3.27亿辆,其中汽车2.4亿辆,比2017年增加2285万辆,增长10.51%,小型载客汽车保有量达2.01亿辆,首次突破2亿辆,比2017年增加2085万辆,增长11.56%,是汽车保有量增长的主要组成部分;私家车(私人微型客车)持续快速增长,2018年保有量达1.89亿辆,每百户家庭私家车拥有量已超过40辆;载货汽车保有量达2570万辆,新注册登记326万辆,再创历史新高。机动车驾驶人达4.09亿人,其中汽车驾驶人3.69亿人。

2018年12月及2018年1~12月国产汽车产量一览表(单位:万辆)						
车 型			2018年12月		2018年1~12月	
			当期量值	同期增比	当期量值	同期增比
汽车	广义乘用车	轿车	101.0	-17.9%	1146.6	-4.0%
		SUV	83.5	-26.4%	995.9	-3.2%
		MPV	16.8	-15.9%	168.5	-17.9%
		微型客车	4.2	-7.7%	42.0	-20.8%
		小计	205.5	-21.3%	2352.9	-5.2%
	商用车	货车	37.4	2.6%	379.1	2.9%
		客车	5.3	-20.2%	48.9	-7.0%
		小计	42.8	-1.0%	428.0	1.7%
	合计		248.2	-18.4%	2780.9	-4.2%
数据来自中国汽车工业协会						

图1-2 2018年12月及2018年1~12月我国汽车产量统计

从城市情况看,全国有61个城市的汽车保有量超过百万辆,27个城市超200万辆,其中,北京、成都、重庆、上海、苏州、郑州、深圳、西安等8个城市超300万辆,天津、武汉、东莞3个城市接近300万辆。

此外,公安部还公布了新能源汽车保有量数据。根据统计结果,2018年全国新能源汽车保有量达261万辆,占汽车总量的1.09%,与2017年相比,增加107万辆,增长70.00%。其中,纯电动汽车保有量211万辆,占新能源汽车总量的81.06%。

3. 二手车交易量

相比之下,二手车市场看起来似乎好一些。

据前瞻产业研究院发布的统计数据显示,2018年12月,中国二手车交易121.72万辆,环比下降4.58%,同比下降1.11%,交易金额达769.76亿元,这是2018年单月交易量同比首次下滑。2018年1~12月全国累计完成交易二手车1382.19万辆,同比增长11.46%,交易金额为8603.57亿元(图1-3)。从2001年至今,中国二手车交易量已经连续第18年持续增长,全国交易量从37万辆增长至1382万辆,增长了37倍。

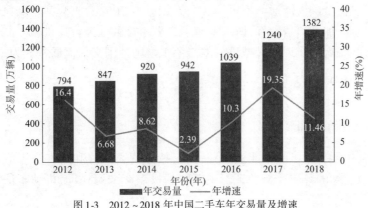

图1-3 2012~2018年中国二手车年交易量及增速

4. 二手车未来趋势

（1）市场规模进一步扩大。未来，全国二手车市场将保持快速增长，市场交易规模持续扩大。

（2）新能源二手车交易量增长。随着新能源汽车市场的扩大，新能源汽车保有量日益增多，未来在二手车市场中的流通量也将增长。其中，A级以下车型仍然为最主要的流通车型。

（3）二手车消费重心将由一、二线城市向三、四线城市延伸。由于国内东、中、西部经济发展和消费水平参差不齐等原因，国内汽车消费呈现出梯度交叉传导的特征。国内的一线城市出现限购，因此成了二手车车源的输出地，而国内的三、四线城市则是二手车的目标市场，从而形成二手车市场的大流通格局。

（4）二手车行业将回归流通本质，将呈现信息不对称暴利时代终结，车商走向专业化、规模化。

随着二手车电商的渗透，个人卖车用户选择更多，二手车商仅依靠信息不对称来赚取暴利的时代已经过去，但是这并不意味着传统的二手车商没有生存之地。

二手车行业本质上是一个流通的过程，将车辆进行跨区域的流通、整备、存储和零售，依然离不开二手车商。个人卖给个人的直卖平台，既不能整备、也不能进行跨区域流通，效率极为低下，不能替代二手车商。二手车拍卖平台也是赋能二手车商，帮助他们获取车源，加速行业发展。从发达国家的经验来看，二手车行业离不开二手车商，但是需要他们更加精细化的服务、高效的流通，靠服务赚钱，而不是靠信息不透明赚钱。如此则未来可期。这个行业也会进一步规模化、专业分工，一定有车商会退出，但是会有更强、更好的车商涌现出来、成长壮大。

（5）直卖模式悄然退场，二手车拍卖崛起。以本地交易为主的二手车直卖悄然转型的同时，以跨区域交易为主的二手车拍卖正呈现爆发性增长。2018年，二手车拍卖模式倒是迎接来了新军——除了"天天拍车"持续耕耘，得到了"汽车之家"战略投资以外，"瓜子"也把拍卖作为战略重点，"大搜车"也收购了"车易拍"。很多资本转了一圈发现，二手车的发展离不开高效率、跨区域的流通，对大宗低频的非标商品而言，拍卖是目前最佳的流通方式，特别是跨区域流通的天然优势平台。

（6）跨区域流通越烧越火，成交易增长主要驱动力。随着全国限迁政策的持续打开，跨区域流通热潮涌现，全国大流通势不可挡。天天拍车有70%的成交都是跨区域。不同区域的新车价格差很大，加上消费偏好，所以就有了二手车跨区域溢价这件事。二手车跨区域流通的优势将愈发明显，能实现跨区域溢价的二手车全国范围交易流通将成为主流。

二、查验交易车辆

（一）查验二手车凭证

二手车凭证主要是指机动车能上道路行驶，按照国家法规和地方法规应该办理的各项有效证件和应该交纳的各项税费凭证。主要包括机动车来历凭证、机动车法定凭证和机动车税费凭证。

1. 机动车来历凭证

(1)在国内购买机动车的来历凭证,是机动车销售统一发票(图1-4)或者二手车销售统一发票(图1-5);在国外购买的机动车,其来历凭证是该车销售单位开具的销售发票及其翻译文本。机动车销售统一发票是由销售公司(4S店)开具的车辆购买凭证,车辆发票分为6联,分别是发票联(红)、抵扣联(绿)、报税联(紫)、注册登记联(蓝)、记账联和存根联。重要的是第2、3、4联发票。发票联由客户自己留存。

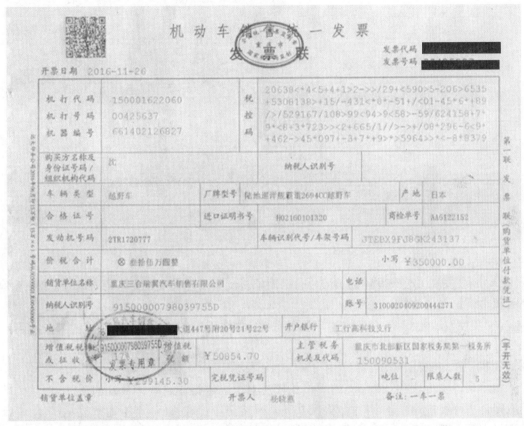

图1-4　机动车销售统一发票

(2)人民法院调解、裁定或者判决转移的机动车,其来历凭证是人民法院出具的已经生效的《调解书》《裁定书》或者《判决书》以及相应的《协助执行通知书》。

(3)仲裁机构仲裁裁决转移的机动车,其来历凭证是《仲裁裁决书》和人民法院出具的《协助执行通知书》。

(4)继承、赠予、中奖和协议抵偿债务的机动车,其来历凭证是继承、赠予、中奖和协议抵偿债务的相关文书和公证机关出具的《公证书》。

(5)资产重组或者资产整体买卖中包含的机动车,其来历凭证是资产主管部门的批准文件。

(6)国家机关统一采购并调拨到下属单位未注册登记的机动车,其来历凭证是全国统一的机动车销售发票和该部门出具的调拨证明。

(7)国家机关已注册登记并调拨到下属单位的机动车,其来历凭证是该部门出具的调拨证明。

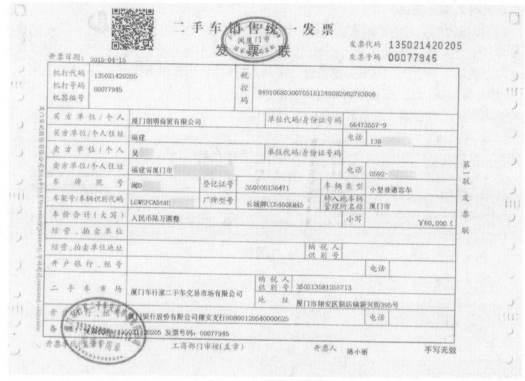

图1-5 二手车销售统一发票

(8) 经公安机关破案发还的被盗抢且已向原机动车所有人理赔完毕的机动车,其来历凭证是保险公司出具的《权益转让证明书》。

(9) 更换发动机、车身、车架的来历凭证,是销售单位开具的发票或者修理单位开具的发票。

2. 机动车法定凭证

1) 机动车行驶证

机动车行驶证是由公安车辆管理机关依法对车辆进行注册登记核发的证件,它是机动车取得合法行驶权的凭证。《中华人民共和国道路交通管理条例》第十七条规定,机动车行驶证是车辆上路行驶必须随车携带的证件,《中华人民共和国机动车登记管理办法》规定机动车行驶证是二手车过户、转籍必不可少的证件。机动车行驶证样式如图1-6所示。

图1-6 机动车行驶证

2）机动车登记证书

根据2001年10月1日起实施的《中华人民共和国机动车登记办法》和2008年10月1日起实施的《机动车登记规定》以及2012年9月12日起实施的《机动车登记规定》修正版，在我国境内道路上行驶的机动车，应当按规定经机动车登记机构办理登记，核发机动车号牌、机动车行驶证和机动车登记证书。

机动车所有人申请办理机动车各项登记业务时均应出具机动车登记证书；当登记信息发生变动时，机动车所有人应当及时到车辆管理所办理相关手续；当机动车所有权转移时，原机动车所有人应当将机动车登记证书随车交给现机动车所有人。目前，机动车登记证书还可以作为有效资产证明，到银行办理抵押贷款。

机动车登记证书同时也是机动车的"户口本"，所有机动车的详细信息及机动车所有人的资料都记载在上面，证书上所记载的原始信息发生变化时，机动车所有人应携机动车登记证书到车管所进行变更登记。这样，"户口本"上就有关于此机动车的完整记录。

公安车辆管理部门是机动车登记证书的核发单位。凡2001年10月1日之后新购机动车，都随车办好证书，凡2001年10月1日之前购车未办领机动车登记证书的机动车所有者，必须补办机动车登记证书。

机动车登记证书是二手车鉴定评估人员必须认真查验的手续，机动车登记证书与机动车行驶证相比它的内容更详细，一些评估参数必须从机动车登记证书获取，如使用性质的确定等。机动车登记证书的样式如图1-7～图1-10所示。

图1-7 机动车登记证书封面

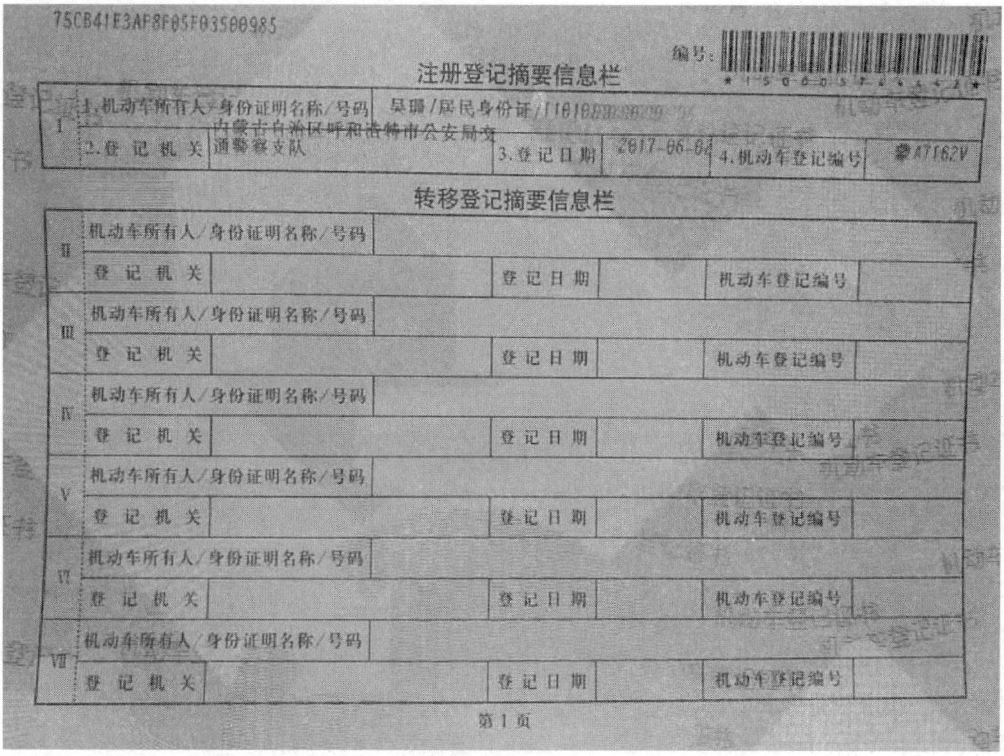

图 1-8　注册登记转移登记摘要栏

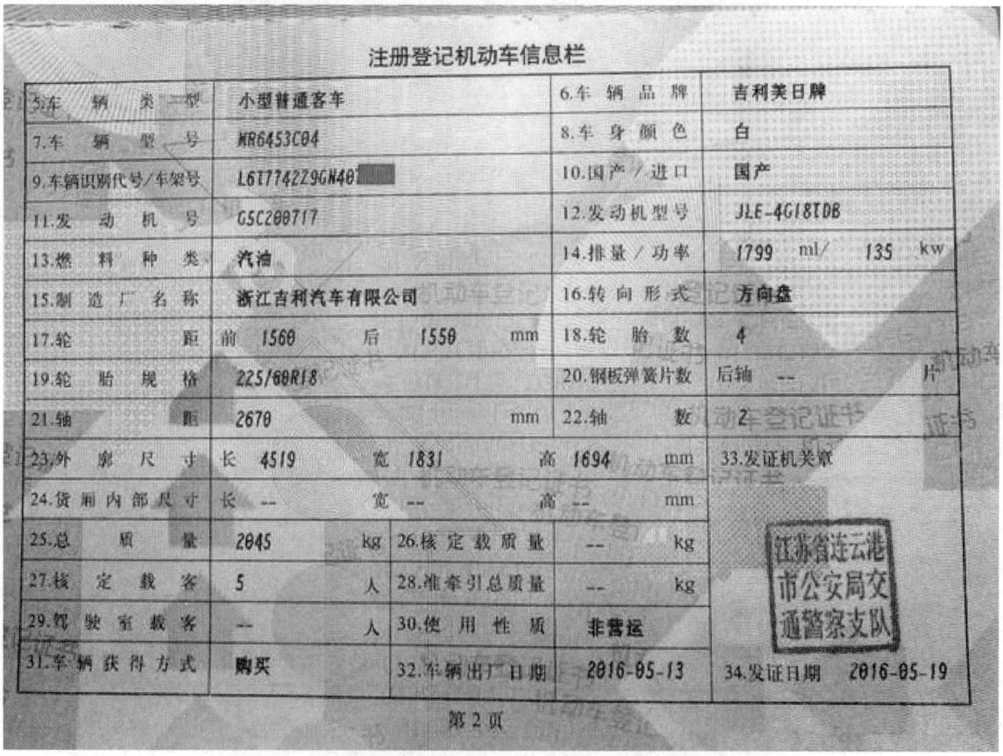

图 1-9　注册登记机动车信息栏

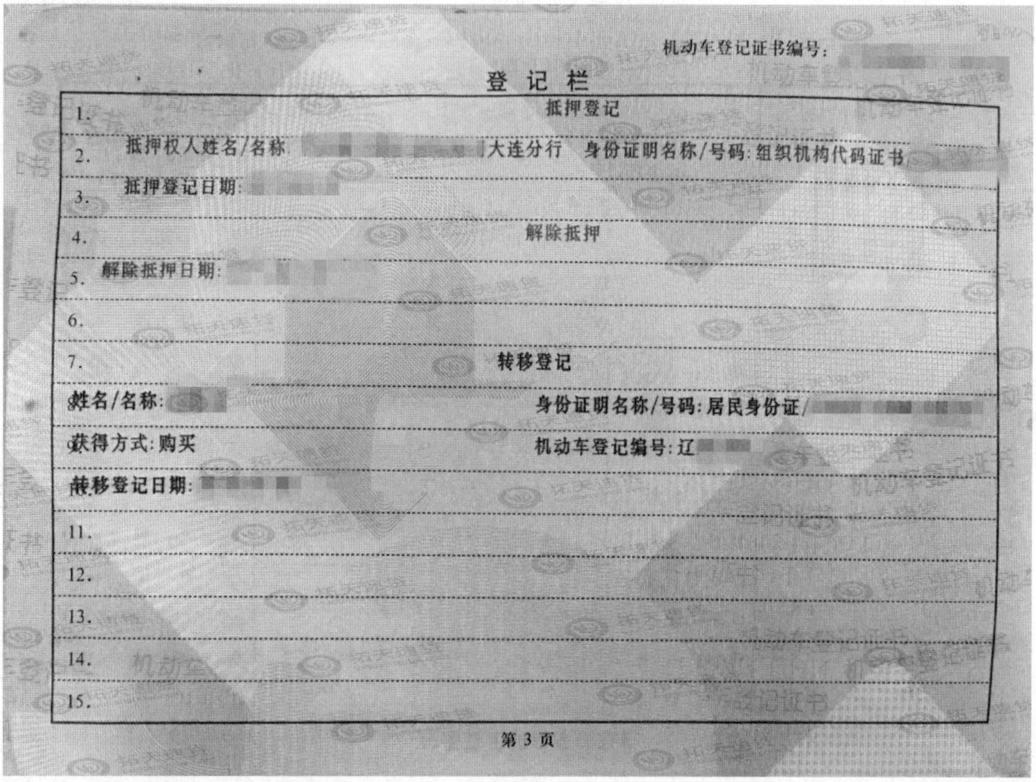

图1-10　抵押登记信息栏

3）机动车号牌

机动车号牌是指在法定机关登记的、准予机动车在中华人民共和国境内道路上行驶的法定标志,其号码是机动车登记编号。机动车登记编号是办理机动车登记业务时,按规则给机动车确定的编号。机动车登记编号包含:用汉字表示的省、自治区、直辖市简称,用英文字母表示的发牌机关代号,由阿拉伯数字和英文字母组成的序号以及用汉字表示的专用号牌简称。机动车号牌必须在机动车的特定位置悬挂。

机动车号牌由公安车辆管理机关依法对机动车进行注册登记后与机动车行驶证一同核发,其号码与行驶证必须一致,两者是机动车取得合法行驶权的标志。《中华人民共和国道路交通安全法》第十六条规定,不得伪造、变造或者使用伪造、变造的机动车登记证书、号牌、行驶证、检验合格标志、保险标志。

机动车号牌有两种类型,即"九二"式和"二〇〇二"式号牌。"二〇〇二"式号牌仅在北京等少数几个城市使用过,数量较少,现已不再核发。"九二"式号牌是按《中华人民共和国机动车号牌》(GA36—1992)标准制作的,之后的新版本GA36—2007、GA36—2014对机动车号牌的制作质量,特别是防伪标记提出了更高的要求。

号牌的分类、尺寸、颜色和适用范围见表1-1。

4）机动车安全技术检验合格标志

机动车应当从注册登记之日起,按照规定期限进行安全技术检验,检验合格的发给机动车安全技术检验合格标志。

号牌的分类、尺寸、颜色和适用范围   表1-1

序号	分 类	外廓尺寸（mm×mm）	颜 色	数量	适用范围
1	大型汽车号牌	前:440×140 后:440×220	黄底黑字,黑框线	2	符合GA802规定的中型(含)以上载客、载货汽车和专项作业车;电车
2	挂车号牌	440×220		1	符合GA802规定的挂车
3	小型汽车号牌	440×140	蓝底白字,白框线	2	符合GA802规定的中型以下的载客、载货汽车和专项作业车
4	使馆汽车号牌		黑底白字,红"使""领"字,白框线		驻华使馆的汽车
5	领馆汽车号牌				驻华领事馆的汽车
6	港澳入出境车号牌		黑底白字,白"港""澳"字,白框线		港澳地区入出内地的汽车
7	教练汽车号牌		黄底黑字,黑"学"字,黑框线		教练用汽车
8	警用汽车号牌		白底黑字,红"警"字,黑框线		汽车类警车
9	普通摩托车号牌	220×140	黄底黑字,黑框线	1	符合GA802规定的两轮普通摩托车、三轮摩托车和正三轮摩托车
10	轻便摩托车号牌		蓝底白字,白框线		符合GA802规定的两轮轻便摩托车和正三轮轻便摩托车
11	使馆摩托车号牌		黑底白字,红"使"字,白框线		驻华使馆的摩托车
12	领馆摩托车号牌		黑底白字,红"领"字,白框线		驻华领事馆的摩托车
13	教练摩托车号牌		黄底黑字,黑"学"字,黑框线		教练用摩托车
14	警用摩托车号牌		白底黑字,红"警"字,黑框线		摩托车类警车
15	低速车号牌	300×165	黄底黑字,黑框线	2	符合GA802规定的低速载货汽车、三轮汽车和轮式专用机械车

续上表

序号	分 类	外廓尺寸 (mm×mm)	颜 色	数量	适用范围
16	临时行驶车号牌	220×140	天蓝底纹黑字黑框线	2	行政辖区内临时行驶的载客汽车
				1	行政辖区内临时行驶的其他机动车
			棕黄底纹黑字黑框线	2	跨行政辖区临时移动的载客汽车
				1	跨行政辖区临时移动的其他机动车
			棕黄底纹黑字黑框线黑"试"字	2	试验用载客汽车
				1	试验用其他机动车
			棕黄底纹黑字黑框线黑"超"字	1	特型机动车指质量参数和/或尺寸参数超出GB1589规定的汽车、挂车和汽车列车
17	临时入境汽车号牌		白底棕蓝色专用底纹,黑字黑边框	1	临时入境汽车
18	临时入境摩托车号牌	88×60		1	临时入境摩托车
19	拖拉机号牌	按 NY345.1—2005 执行			上道路行驶的拖拉机

2014年5月16日,公安部、国家质检总局公布了《关于加强和改进机动车检验工作的意见》,意见公布了关于机动车检验工作的18项新政。其中最引人关注的是自2014年9月1日起,试行6年以内的非营运轿车和其他小型、微型载客汽车(面包车、7座及7座以上车辆除外)免检制度。对注册登记6年以内的非营运轿车和其他小型、微型载客汽车(面包车、7座及7座以上车辆除外),每2年需要定期检验时,机动车所有人提供交通事故强制责任保险凭证、车船税纳税或者免征证明后,可以直接向公安机关交通管理部门申请领取检验标志,无须到检验机构进行安全技术检验。申请前,机动车所有人应当将涉及该车的道路交通安全违法行为和交通事故处理完毕。但车辆如果发生过造成人员伤亡交通事故的,仍应按原规定的周期进行检验。

机动车检验合格标志(图1-11)是机动车安全技术符合行驶要求的重要证明。机动车检验合格标志必须贴在机动车前风窗玻璃的右上角。

5) 道路运输证

道路运输证是道路运输管理机构向从事道

图1-11 机动车检验合格标志

路旅客运输经营和道路货物运输经营的申请人投入运输的车辆配发的从事道路运输经营活动的合法凭证。该证件也叫"车辆营运证",一车配一证。凡在我国境内从事道路运输经营活动的机动车辆,均须持有交通运输部统一制发的道路运输证,并随车携带,以备查验。需要转籍过户时,应到相应道路运输管理机构办理营运过户有关手续。

6) 机动车整车出厂合格证明

机动车整车出厂合格证明(以下简称合格证)是办理国产机动车注册登记必须提交的法定证明之一,也是机动车生产企业产品生产一致性管理考核的重要内容。

机动车整车出厂合格证明(图1-12、图1-13),包括《机动车技术参数表》。必须有出厂日期、车辆型号、车辆识别代号(车架号码)和发动机号码,并与相关证件和实际情况相符。

图1-12　机动车整车出厂合格证(封面)

(1)机动车整车厂生产的汽车、摩托车、挂车,其出厂合格证明是该厂出具的机动车整车出厂合格证。

(2)使用国产或者进口底盘改装的机动车,其出厂合格证明是机动车底盘生产厂出具的机动车底盘出厂合格证或者进口机动车底盘的进口凭证和机动车改装厂出具的机动车整车出厂合格证。

(3)使用国产或者进口整车改装的机动车,其出厂合格证明是机动车生产厂出具的机动车整车出厂合格证或者进口机动车的进口凭证和机动车改装厂出具的机动车整车出厂合格证。

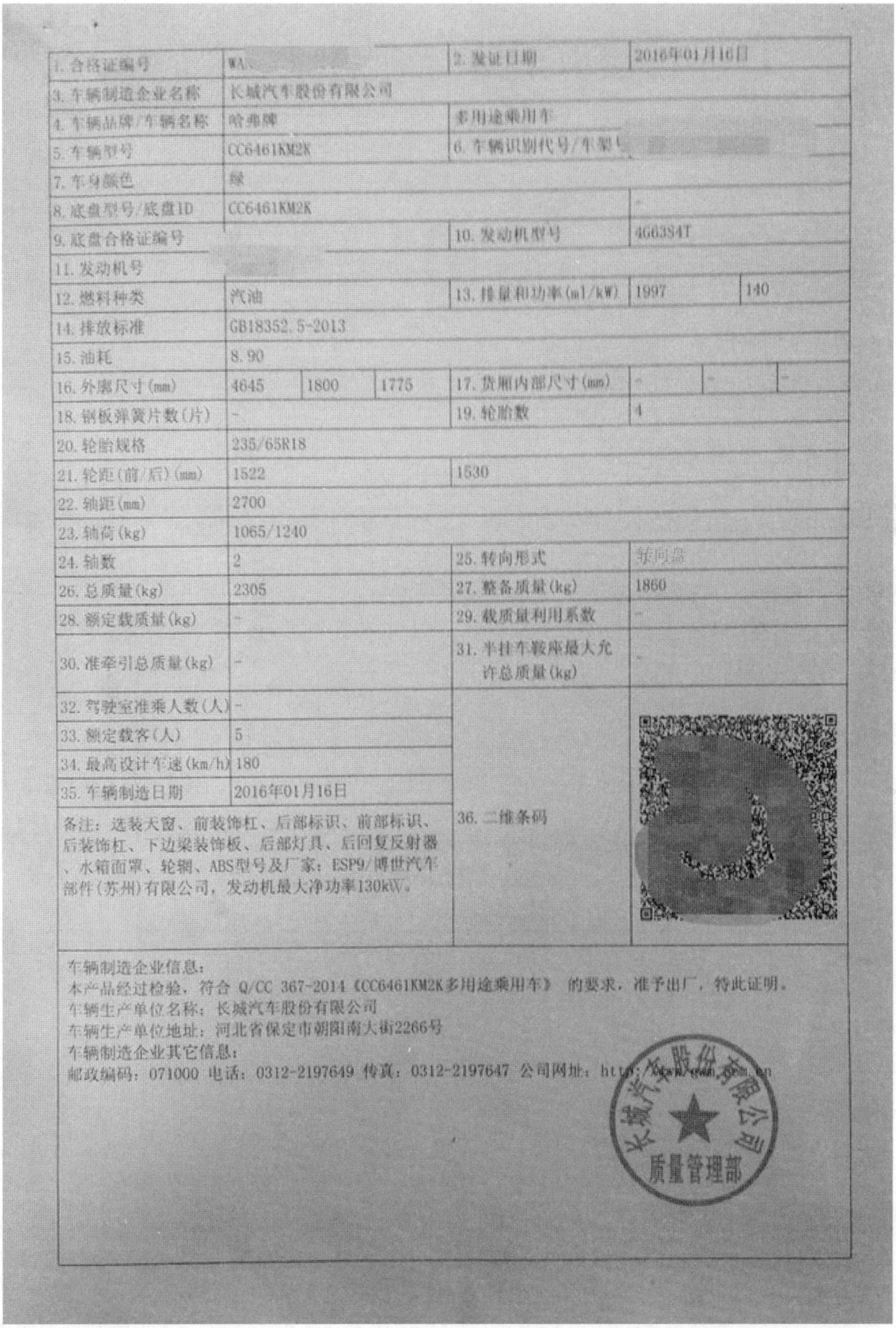

1. 合格证编号	WA	2. 发证日期	2016年01月16日
3. 车辆制造企业名称	长城汽车股份有限公司		
4. 车辆品牌/车辆名称	哈弗牌	多用途乘用车	
5. 车辆型号	CC6461KM2K	6. 车辆识别代号/车架号	
7. 车身颜色	绿		
8. 底盘型号/底盘ID	CC6461KM2K		-
9. 底盘合格证编号		10. 发动机型号	4G63S4T
11. 发动机号			
12. 燃料种类	汽油	13. 排量和功率(ml/kW)	1997　140
14. 排放标准	GB18352.5-2013		
15. 油耗	8.90		
16. 外廓尺寸(mm)	4645　1800　1775	17. 货厢内部尺寸(mm)	-　-　-
18. 钢板弹簧片数(片)	-	19. 轮胎数	4
20. 轮胎规格	235/65R18		
21. 轮距(前/后)(mm)	1522	1530	
22. 轴距(mm)	2700		
23. 轴荷(kg)	1065/1240		
24. 轴数	2	25. 转向形式	转向盘
26. 总质量(kg)	2305	27. 整备质量(kg)	1860
28. 额定载质量(kg)	-	29. 载质量利用系数	-
30. 准牵引总质量(kg)	-	31. 半挂车鞍座最大允许总质量(kg)	-
32. 驾驶室准乘人数(人)	-	36. 二维条码	
33. 额定载客(人)	5		
34. 最高设计车速(km/h)	180		
35. 车辆制造日期	2016年01月16日		
备注：选装天窗、前装饰杠、后部标识、前部标识、后装饰杠、下边梁装饰板、后部灯具、后回复反射器、水箱面罩、轮辋、ABS型号及厂家：ESP9/博世汽车部件(苏州)有限公司，发动机最大净功率130kW。			

车辆制造企业信息：
本产品经过检验，符合 Q/CC 367-2014《CC6461KM2K多用途乘用车》的要求，准予出厂，特此证明。
车辆生产单位名称：长城汽车股份有限公司
车辆生产单位地址：河北省保定市朝阳南大街2266号
车辆制造企业其它信息：
邮政编码：071000 电话：0312-2197649 传真：0312-2197647 公司网址：http://www.gwm.com.cn

长城汽车股份有限公司 质量管理部

图1-13　机动车整车出厂合格证(内页)

(4)人民法院、人民检察院或者行政执法机关依法扣留、没收并拍卖的未注册登记的国产机动车,未能提供出厂合格证明的,可以凭人民法院、人民检察院或者行政执法机关出具的证明替代。

机动车整车出厂合格证样式设计要求如下。

①合格证正面项目要求:

A.合格证上部1/3幅面分两行居中印制"中华人民共和国""机动车整车出厂合格证"(或"机动车底盘出厂合格证"),字体应采用宋体,字号应采用1号字,颜色可采用红色。

B.合格证中部1/3幅面居中印制车辆生产企业厂标或商标。

C.合格证下部1/3幅面居中印制车辆生产企业名称,字体、字号、颜色由车辆生产企业自定,但必须清晰可辨。

D.车辆生产企业必须在合格证正面印制防伪标记。

E.幅面划分可根据实际情况做适当调整。

②合格证正面规格、材质要求:

A.合格证应采用GB/T 788《图书杂志开本及其幅面尺寸》标准规定的A系列规格纸张的A4幅面(210mm×297mm),页边距上为20mm、下为20mm、左为20mm、右为20mm,页眉为15mm、页脚为17.5mm。

B.合格证纸张材料的质量应不小于120g。

③合格证背面印制要求:

A.合格证背面应为白色。

B.合格证背面不得印制任何其他内容、图案、底纹。

④其他要求:

A.车辆生产企业在满足上述要求的同时,可以在合格证正面下部1/3幅面增加其他信息,例如,合格证纸张编号、企业英文名称等内容,但应保证合格证整体样式的相对统一。

B.车辆生产企业可以在合格证正面粘贴防伪标识。

⑤合格证正面尺寸示意见图1-14。

7)车辆一致性证书

车辆一致性证书是根据国家认证监委会2008年第1号公告关于修订《机动车辆类(汽车产品)强制性认证实施规则》的公告对车辆的一致性进行认证的证明。

(1)企业在出厂的每一辆车上须附带1张经企业盖章和/或车辆一致性主管人员签字的车辆一致性证书。

(2)车辆一致性证书由两部分组成,企业也可以先选择防伪企业来制作车辆一致性证书,同时在证书上面还有很多的防伪技术,已达到安全的目的,以此来避免车辆一致性证书被仿冒使用。

第一部分为车辆总体信息部分(图1-15),第二部分为车辆一致性证书参数部分(图1-16)。

(3)车辆一致性证书建议使用最大规格:A4(210mm × 297 mm),或折叠成A4的纸张,一面为车辆总体信息部分,另一面为车辆一致性参数部分。

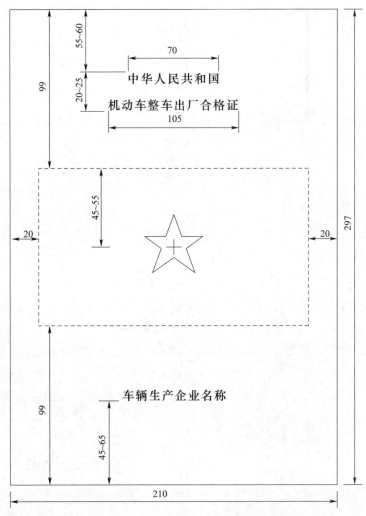

注：图中虚线矩形表示印刷厂标或企标的范围，十字符号表示厂标或企标图案的中心。

图 1-14　机动车整车出厂合格证正面尺寸示意图(尺寸单位：mm)

(4)企业应采取防伪措施以避免车辆一致性证书被仿冒使用。

(5)一致性证书中带"＊"号的项目可暂缓，具体要求时间另行通知。

(6)初次认证时，企业应将全部车辆一致性证书式样报认证机构，经批准后使用。每次认证变更企业须提交本次认证变更涉及的车辆一致性证书范围和新证书开始使用时间的正式说明，并将调整后的车辆一致性证书式样报认证机构，经批准后使用。

8)进口机动车进口凭证

进口汽车的进口凭证，是各口岸海关签发的货物进口证明书；海关监管的机动车进口凭证，是监管地海关出具的中华人民共和国海关监管车辆进(出)境领(销)牌照通知书；国家授权的执法部门没收的走私、无进口证明和利用进口关键件非法拼(组)装的机动车的进口凭证，是该部门签发的《没收走私汽车、摩托车证明书》。

(1)货物进口证明书(简称关单)，见图 1-17。

车辆一致性证书

(用于完整车辆)

第一部分 车辆总体信息

车辆一致性证书编号：

0.1	车辆生产厂名称	长城汽车股份有限公司
C0.1	车辆制造国	中国
0.2	车型系列代号/名称	/旅行车
	单元代号/名称	四驱国五
	车型代号/名称	
0.2.1	车型名称	多 用车
C0.2	车辆中文品牌	哈
C0.3	车辆英文品牌	H
0.4	车辆类别	M1
0.5	基本车辆制造商的名称	不适用
	基本车辆制造商的地址	不适用
	最终制造阶段制造商的名称	长城汽车股份有限公司
	最终制造阶段制造商的地址	河北省保定市朝阳南大街2266号
0.6	法定铭牌的位置	发动机舱前围右侧
	车辆识别代号	
	车辆识别代号打刻的位置	驾驶室内仪表板左上部，在车架右侧纵梁后段，在发动机舱铭牌上(粘贴)
21	发动机编号	
	发动机编号在发动机上的打刻位置	排气歧管侧，发电机后方
	CCC认证过程中车辆的制造阶段	
	最终阶段 在所有方面与本证书第二部分描述的技术参数相符合的完整单阶段制成车辆：	
	CCC证书编号（版本号）	
	签发日期	2015-8-13

制造日期：2016年1月16日

长城汽车股份有限公司
Great Wall Motor Company Limited

No.

图1-15 车辆一致性证书(第一部分)

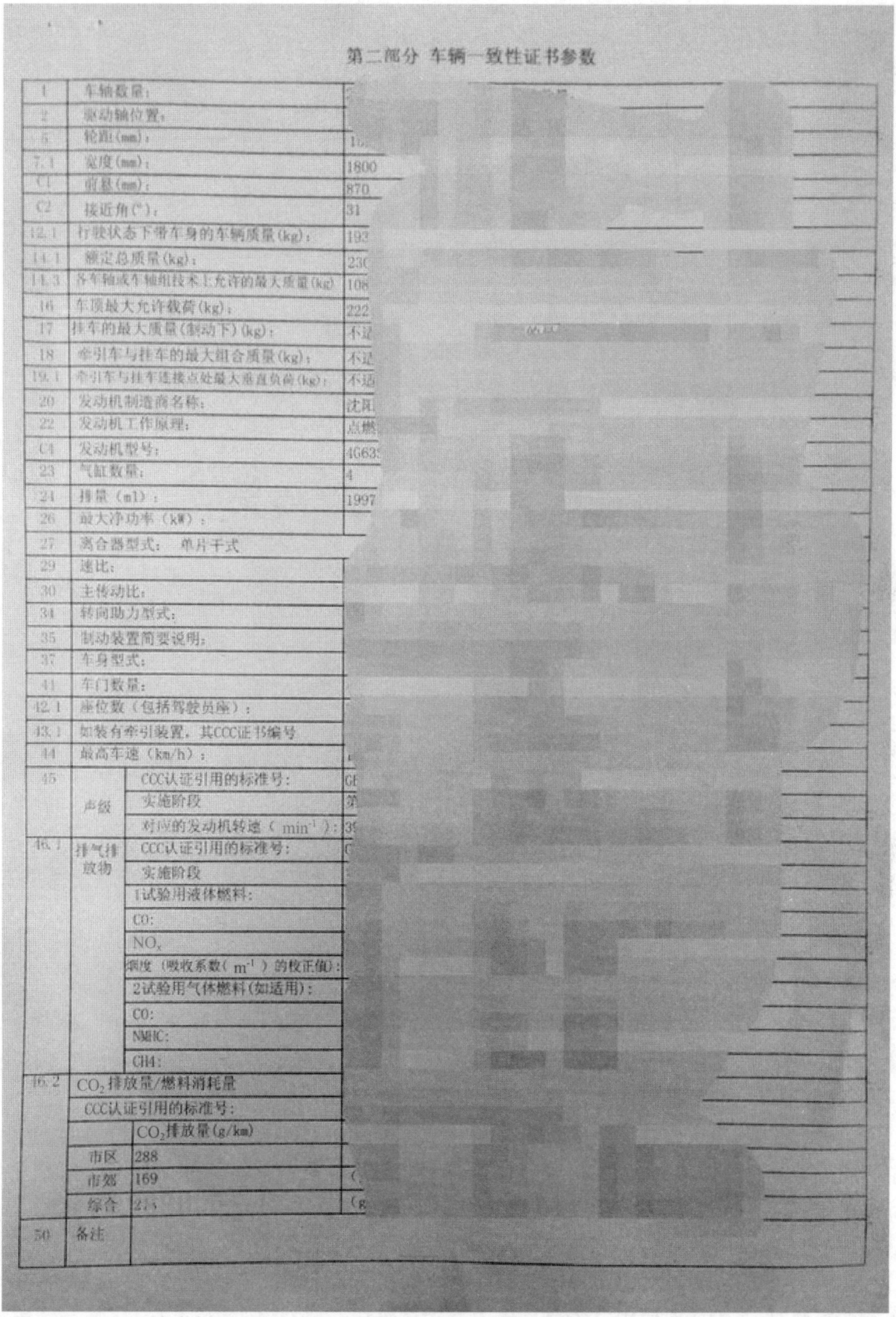

		第二部分 车辆一致性证书参数	
1	车轴数量:		
2	驱动轴位置:		
5	轮距(mm):		
7.1	宽度(mm):	1800	
C1	前悬(mm):	870	
C2	接近角(°):	31	
12.1	行驶状态下带车身的车辆质量(kg):	193	
14.1	额定总质量(kg):	230	
14.3	各车轴或车轴组技术上充许的最大质量(kg)	108	
16	车顶最大允许载荷(kg)	222	
17	挂车的最大质量（制动下）(kg):	不适	
18	牵引车与挂车的最大组合质量(kg):	不适	
19.1	牵引车与挂车连接点处最大垂直负荷(kg):	不适	
20	发动机制造商名称:	沈阳	
22	发动机工作原理:	点燃	
C4	发动机型号:	4G63	
23	气缸数量:	4	
24	排量(ml):	1997	
26	最大净功率(kW):		
27	离合器型式: 单片干式		
29	速比:		
30	主传动比:		
34	转向助力型式:		
35	制动装置简要说明:		
37	车身型式:		
41	车门数量:		
42.1	座位数（包括驾驶员座）:		
43.1	如装有牵引装置, 其CCC证书编号		
44	最高车速（km/h）:		
45	声级	CCC认证引用的标准号:	GB
		实施阶段	第
		对应的发动机转速（min^{-1}）	39
46.1	排气排放物	CCC认证引用的标准号:	
		实施阶段	
		1试验用液体燃料:	
		CO:	
		NO_x:	
		烟度（吸收系数（m^{-1}）的校正值):	
		2试验用气体燃料(如适用):	
		CO:	
		NMHC:	
		CH_4:	
46.2	CO_2排放量/燃料消耗量		
	CCC认证引用的标准号:		
		CO_2排放量(g/km)	
	市区	288	
	市郊	169	
	综合	215	(g
50	备注		

图 1-16　车辆一致性证书(第二部分)

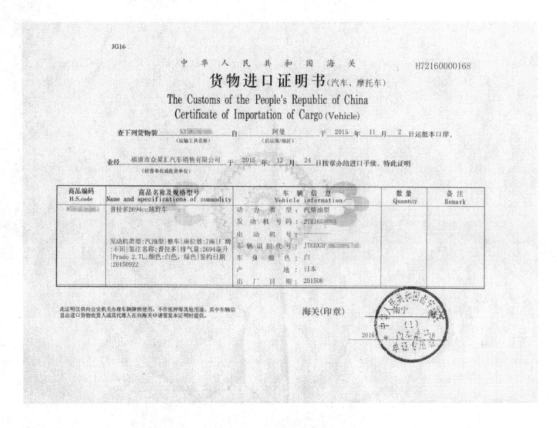

图1-17 货物进口证明书

原件是淡绿色,大概为 B5 大小,原件在车辆办理上牌手续的时候,上牌地公安局公安交通管理局车辆管理所(简称车管所)会将"关单"封入办理上牌手续车辆的档案之中,成为车辆档案的一部分。

关单是车辆入境之后由入境地海关签发的,一般都随车走。上面显示了车辆从哪里来,什么时候到达港口,由什么公司进口。

(2)进口机动车辆随车检验单(简称商检单),见图1-18。

商检单在货物(车辆)进关口时,由当地的海关进行检验签发。商检单一式两份。

商检单上显示了车辆的发出地、收货地、入境的信息,车辆的基本信息,简单来说信息就像是个快递单,负责进口车辆的公司就是收货人,海关是代替收货人验货的,证实车辆没有问题,符合进口之前上报的信息。

上牌的时候,一定要看清楚检验单右下角的章,如果在外地提车、本地上牌的话,需要去本地的海关进行商检单更换,更换时会收走你手上的第一联重新发给你一张由当地签发的商检单,这样当地车管所才会予以办理车辆上牌业务。

(3)进口车辆电子信息(简称电子信息单),见图1-19。

车辆入关以后,由进口公司将进口车辆的信息上传至公安车管系统,办理上牌业务缴纳车辆购置税时,车管所要使用电子信息单上面的二维码,获取车辆的税务信息,进行购置税的收取。

正常来说电子信息单是由4S店准备完备,交付客户方,当然客户也可以自己在网上进行查询,自行打印。

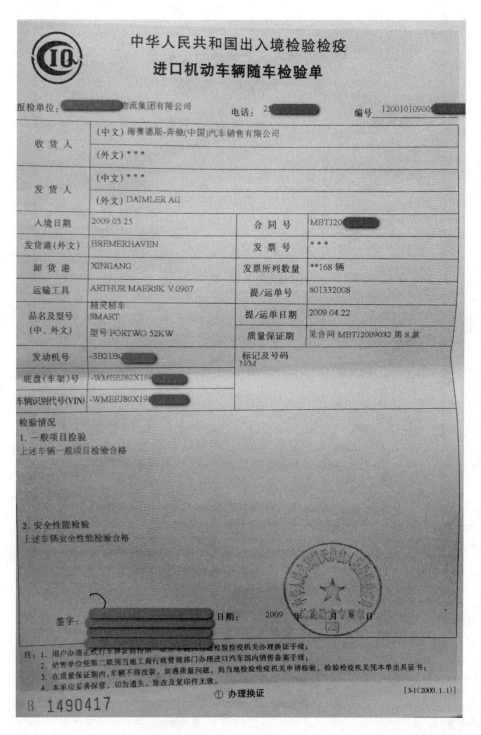

图1-18 进口机动车辆随车检验单

图1-19 进口车辆电子信息

3. 机动车税费凭证

1) 车辆购置税缴费凭证

车辆购置税缴费凭证,其正式名称是"车辆购置税完税证明"(图1-20),它是纳税人交纳车辆购置税的完税依据,也是车辆管理部门办理车辆牌照的主要依据。

车辆购置税实行一次性征收。购置已征车辆购置税的车辆,不再征收车辆购置税。

车辆购置税的税率为10%。车辆购置税的应纳税额按照应税车辆的计税价格乘以税率计算。

附件

车辆购置税完税证明(电子版)

编号:

厂牌型号:

发动机号:

车辆识别代号（车架号）:

纳税类型:征税车辆/免税车辆/减税车辆

征收机关名称:

温馨提示:免税、减税车辆因转让、改变用途等原因不再属于免税、减税范围的，纳税人应当在办理车辆过户或者变更登记前缴纳车辆购置税。

图1-20 车辆购置税完税证明(电子版)

应税车辆的计税价格,按照下列规定确定:

(1)纳税人购买自用应税车辆的计税价格,为纳税人实际支付给销售者的全部价款,不包括增值税税款。

(2)纳税人进口自用应税车辆的计税价格,为关税完税价格加上关税和消费税。

(3)纳税人自产自用应税车辆的计税价格,按照纳税人生产的同类应税车辆的销售价格确定,不包括增值税税款。

(4)纳税人以受赠、获奖或者其他方式取得自用应税车辆的计税价格,按照购置应税车辆时相关凭证载明的价格确定,不包括增值税税款。

纳税人申报的应税车辆计税价格明显偏低,又无正当理由的,由税务机关依照《中华人民共和国税收征收管理法》的规定核定其应纳税额。

纳税人以外汇结算应税车辆价款的,按照申报纳税之日的人民币汇率中间价折合成人民币计算缴纳税款。

车辆购置税的纳税义务发生时间为纳税人购置应税车辆的当日。纳税人应当自纳税义务发生之日起六十日内申报缴纳车辆购置税。

纳税人应当在向公安机关交通管理部门办理车辆注册登记前,缴纳车辆购置税。公安机关交通管理部门办理车辆注册登记,应当根据税务机关提供的应税车辆完税或者免税电子信息对纳税人申请登记的车辆信息进行核对,核对无误后依法办理车辆注册登记。

税务机关和公安、商务、海关、工业和信息化等部门应当建立应税车辆信息共享和工作配合机制,及时交换应税车辆和纳税信息资料。

办理车辆购置税纳税业务时,税务机关不再打印、发放纸质车辆购置税完税证明。纳税人如需纸质车辆购置税完税证明,可向主管税务机关提出,由主管税务机关打印《车辆购置税完税证明(电子版)》,亦可自行通过本省(市)电子税务局等官方互联网平台查询、打印。纳税人办理完成车辆购置税纳税业务后,可直接前往公安机关交通管理部门办理车辆登记手续,不需向公安机关交通管理部门提交纸质车辆购置税完税证明。

2)车船使用税完税凭证

车船使用税是指对在我国境内应依法到公安、交通、农业、渔业、军事等管理部门办理登记的车辆、船舶,根据其种类,按照规定的计税依据和年税额标准计算征收的一种财产税。

从2007年7月1日开始,车辆所有者可以在从事机动车第三者责任强制保险业务的保险机构在投保交强险的同时代为收缴车船使用税。扣缴义务人在代收车船使用税时,应当在机动车交通事故责任强制保险单上注明已收税款的信息,作为纳税人完税的证明。除另有规定外,扣缴义务人不再给纳税人开具代扣代收税款凭证。纳税人如有需要,可以持注明已收税款信息的保险单到主管地方税务机关开具完税凭证。

保险公司在代收车船使用税并开具发票时,应在发票备注栏中注明代收车船使用税信息,具体包括:保险单号、税款所属期(详细至月)、代收车船税、滞纳金、合计(含保费、车船税)等,作为代收税款凭证。合计(含保费、车船使用税)是指,增值税发票价税合计与车船使用税合计(含税额和滞纳金)之和。

3)交强险保险单

交强险,即机动车交通事故责任强制保险,是由保险公司对被保险机动车发生道路交通事故造成受害人(不包括本车人员和被保险人)的人身伤亡、财产损失,在责任限额内予以赔偿的强制性责任保险。

机动车保险费是车辆所有人购买车辆保险时向保险公司所支付的费用。机动车辆保险可分交强险和商业险两类。交强险是我国首个由国家法律规定实行的强制保险,是机动车必须购买的险种。商业险又包括车辆主险和附加险两个部分。商业险主险包括车辆损失险、第三者责任险、车上人员责任险、全车盗抢险。附加险包括玻璃单独破碎险、自燃损失险、新增设备损失险、车身划痕损失险、不计免赔率特约条款、车上货物责任险等多个险种。

购买交强险的证明文件包括交强险单证和交强险标志(图1-21、图1-22)两部分。交强险单证是指投保人与保险公司签订的,证明强制保

图1-21　交强险标志(正面)

险合同关系存在的法定证明文件;交强险标志是指根据法律、行政法规的有关规定,保险公司向投保人核发的,证明其已经投保强制保险的标识。

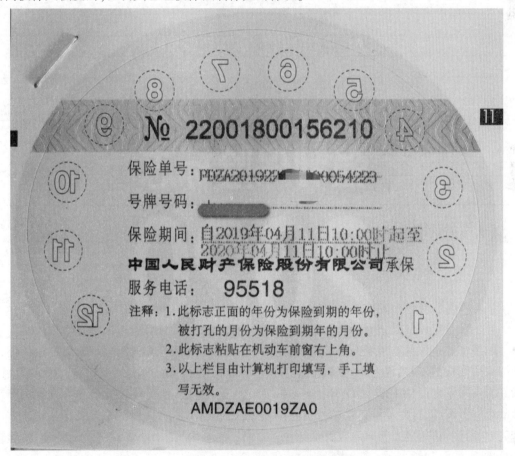

图1-22　交强险标志(背面)

交强险保险单和交强险定额保险单由正本和副本组成。正本由投保人或被保险人留存;副本应包括业务留存联、财务留存联和公安交管部门留存联。业务留存联和财务留存联由保险公司留存,公安交管部门留存联由保险公司加盖印章后交投保人或被保险人,由其在公安交管部门进行注册登记、检验等时交公安交管部门留存。

(二)判别可交易车辆

(1)查验机动车登记证书、行驶证、有效机动车安全技术检验合格标志、车辆购置税完税证明、车船使用税缴付凭证、车辆保险单等法定证明、凭证是否齐全,并按照表1-2检查所列项目是否全部判定为"Y"。

(2)如发现上述法定证明、凭证不全,或表1-2中检查项目任何一项判别为"N"的车辆,应告知委托方,不需继续进行技术鉴定和价值评估(司法机关委托等特殊要求的除外)。

(3)发现法定证明、凭证不全,或者表1-2中第1项、4项至8项任意一项判断为"N"的车辆应及时报告公安机关等执法部门。

(4)对相关证照齐全、表1-2中检查项目全部判别为"Y"的,或者司法机关委托等特殊要求的车辆,即可判定车辆是可交易的。

查验可交易车辆　　　　　　　表1-2

序号	检查项目	判	别
1	是否达到国家强制报废标准	Y 否	N 是
2	是否为抵押期间或海关监管期间	Y 否	N 是
3	是否为人民法院、检察院、行政执法等部门依法查封、扣押期间的车辆	Y 否	N 是
4	是否为通过盗窃、抢劫、诈骗等违法犯罪手段获得的车辆	Y 否	N 是
5	发动机号与机动车登记证书登记号码是否一致,且无凿改痕迹	Y 是	N 否
6	车辆识别代号或车架号码与机动车登记证书登记号码是否一致,且无凿改痕迹	Y 是	N 否
7	是否走私、非法拼组装车辆	Y 否	N 是
8	是否法律法规禁止经营的车辆	Y 否	N 是

三、业务获取

(一)鉴定评估依据

1.二手车鉴定评估定义

二手车鉴定评估是指对二手车进行技术状况检测、鉴定,确定某一时点价值的过程。

二手车鉴定评估是市场经济的产物,是为了二手车在市场上流转的需要,由鉴定评估人员根据所掌握的资料,在对市场进行预测的基础上对二手车的现实价值进行估算的过程。做好二手车鉴定评估工作,不仅有利于维护公民的合法权益、保障司法诉讼和行政执法等活动的顺利进行,而且对维护正常的社会经济秩序,促进经济发展具有重要意义。因此建立一套完整、科学、适用的二手车鉴定评估体系,以保证鉴定评估结果的客观、公正、合理,就显得十分重要。

2. 二手车鉴定评估特点

二手车作为一类资产,与其他类型的资产是有区别的,因为它既是生产资料,又是消费资料。二手车的主要特点是单位价值较大、工程技术性强;使用范围广;使用强度、使用条件、使用时间、维护水平差异较大;有权属登记,税费附加值高,使用管理严格。以上特点决定了二手车鉴定评估的特点。

1)二手车鉴定评估以技术鉴定为基础

由于二手车本身具有较强的工程技术特点,其技术含量较高,加之车辆在长期使用过程中各零部件在摩擦力和自然力的作用下不断磨损,二手车实体的有形和无形损耗随着使用里程和使用年限的增加而不断加剧,其损耗程度的大小因使用强度、使用条件、维护水平等不同而差异较大,所以要评估一辆二手车的现实价值,通常需要通过检测诊断等技术手段进行鉴定才能实现。

2)二手车鉴定评估以单台车辆作为评估对象

由于二手车的单位价值相差较大、规格型号繁多、车辆结构性能和配置也存在较大差别,所以为了保证评估质量,通常都是分整车、分系统、分部件、逐台、逐件地进行鉴定评估。

3)二手车鉴定评估要考虑其手续构成的价值

由于我国对机动车实行"户籍"管理,使用税费附加值较高,所以对二手车进行鉴定评估时,除了估算其实体价值以外,还要考虑由"户籍"管理手续和各种使用税费构成的价值。

4)二手车鉴定评估的价值与价格

价格是价值的货币表现,商品价值和商品价格既有联系又有区别。

价值和价格的本质区别在于:价值是物的真实所值,是内在的,是相对客观和相对稳定的;价格是价值的外在表现,围绕着价值而上下波动,是实际发生、已经完成并且可以观察到的事实,它因人而异,时高时低。现实中,由于定价决策、个人偏好或者交易者之间的特殊关系和无知等原因,时常会出现"低值高价"或者"高值低价"等价格背离价值的情况。因此,为了表述上更加科学、准确,也为了与国际上通行的估价理念、理论一致,便于对外交流沟通,应当指出估价本质上是评估价值而不是评估价格。

对于具体资产评估来说,评估是对资产价值的评估,当然,资产评估价格是该资产在特定条件下的价值。其价值的含义随着条件的不同而具有不同的量值。任何评估结果都是有条件的,不同的市场条件,评估的目的及其价值的含义也是不同的。

二手车评估是资产评估的一种,所以要正确理解评估价格和价值的区别与联系。实际工作中,二手车价格受到市场等外界因素影响很大,但又是围绕价值而变动。在二手车交易过程中,由于交易双方的个人偏好与需求、投资策略、市场经验等原因,常常会出现价格与价值相背离的情况,所以不能用交易价格来评估价值的正确与否。

从实际应用状况观察,二手车鉴定评估中的价值与价格没有经济学中定义的那样严格,在实践中通常可以理解为交换价值或市场价格的概念。

3. 二手车鉴定评估目的

二手车鉴定评估的目的是为了正确反映车辆的价值量及其变动,为将要发生的经济行为提供公平的价格尺度。二手车鉴定评估的目的可分为两大类:一类是变动二手车产权,另一类是不变动二手车产权。

1）变动二手车产权

变动二手车产权是指车辆所有权发生转移的经济行为，主要包括：二手车的交易、置换、转让、并购、拍卖、投资、抵债、捐赠等。

(1) 车辆交易转让。

二手车在交易市场进行买卖时，买卖双方对交易价格的期望值是不相同的，因此鉴定评估人员应该站在公正、独立的立场上对被交易的车辆出具成交的参考底价。

(2) 车辆拍卖。

对于执法机关罚没车辆、抵押车辆、企业清算车辆、抵债车辆、公务车辆和海关获得的抵税和放弃车辆、私家车等，在进行拍卖之前都需要进行鉴定评估，以提供车辆的拍卖底价。

(3) 车辆置换。

置换有两种业务形式，一是以旧换新，二是以旧换旧。两种情况都会涉及对置换车辆的鉴定评估，其评估结果涉及置换方给予差额补贴的多少，因而直接关系到置换双方的利益。

(4) 其他。

其他涉及产权变动的经济行为，例如企业或者个人的合资、合作和联营；企业分设、合并和兼并；企业出售、股份经营、破产清算等资产业务，基本都会涉及车辆的鉴定评估。若二手车涉及国有资产，国有资产占用单位需按照国家规定在委托评估之前先向国有资产管理部门办理评估立项申请，得到批准后方可委托办理二手车评估等事宜。

2）不变动二手车产权

不变动二手车产权是指车辆所有权未发生转移的经济行为，主要包括二手车的纳税、保险、抵押、典当、事故车定损、司法鉴定（海关罚没、盗抢、财产纠纷车辆等）等。

(1) 抵押贷款。

银行为了确保放贷安全，要求贷款人以机动车作为抵押物。为了安全起见，需要对车辆进行鉴定评估。而这种贷款的安全性，在一定程度上取决于抵押车辆评估的准确性。

(2) 车辆保险。

在对机动车进行投保时，所缴纳的保险费高低与车辆本身价值大小有直接关系。当保险车辆发生交通事故时，保险公司需要对事故车辆进行理赔。为了保障双方利益，需要对核保和理赔车辆的价值进行公平的鉴定评估。

(3) 担保。

担保是指车辆所有单位或个人，以其拥有的车辆为其他单位或者个人的经济行为提供担保，并承担连带责任的行为。对于提供担保的车辆价值，需要进行鉴定评估。

(4) 典当。

当典当双方对当物车辆的价值估算有较大差别时，可以委托二手车鉴定评估机构对当物车辆价值进行评估，典当行可以此作为放款依据。若当物车辆发生绝当，同样需要委托二手车鉴定评估机构为其提供鉴定评估服务，并作为处理绝当车辆的依据。

(5) 法律诉讼咨询服务。

当事人遇到机动车诉讼时，可以委托二手车鉴定评估机构对车辆进行评估，法院可以将评估机构出具的评估结论作为司法裁定的参考依据。对于民事案件，其委托方通常是人民法院,委托目的是提供拍卖底价。对于刑事案件,其委托方通常是司法机关和行政机关,委托目的是提供二手车现实价值证据。

从评估过程来看,二手车鉴定评估师首先要明确评估目的,然后选择合适的评估方法,最后才能得出正确的评估结论。

虽然二手车鉴定评估的目的各不相同,但二手车鉴定评估机构所承担的任务却大体相同,主要包括:为二手车所有权转让提供交易参考价;为拍卖车辆提供参考底价;为抵押、担保、典当车辆作价;为司法裁定提供二手车现时价值依据,在企业或个人车辆发生产权变动时提供咨询服务;识别非法车辆。

4. 二手车鉴定评估依据

二手车鉴定评估工作和其他工作一样,必须有正确、科学、充分的依据,这样才能得出正确的结论。二手车鉴定评估的依据是指评估工作所遵循和法律、法规、经济行为文件以及其他参考资料。通常包括行为依据、法律依据、产权依据和取价依据。

1)行为依据

行为依据是指实施二手车鉴定评估的依据。通常包括经济行为成立的有关决议文件以及评估当事方的二手车鉴定评估委托书。

2)法律依据

法律依据是指二手车鉴定评估所遵循的法律法规,主要包括:

(1)《资产评估法》。

(2)《国有资产评估管理办法》。

(3)《国有资产评估管理办法实施细则》。

(4)《企业国有资产评估管理暂行办法》。

(5)《机动车强制报废标准规定》。

(6)《机动车登记规定》。

(7)《报废汽车回收管理办法》。

(8)《报废汽车回收管理办法实施细则》。

(9)《二手车流通管理方法》。

(10)《机动车运行安全技术条件》(GB 7258—2017)。

(11)《汽车销售管理办法》(商务部令 2017 年第 1 号)。

(12)《二手车鉴定评估技术规范》(GB/T 30323—2013)。

3)产权依据

产权依据是指表明机动车权属证明的文件,主要包括机动车来历凭证、机动车登记证书、机动车行驶证、出租车营运证、道路营运证等。

4)取价依据

取价依据是指实施二手车鉴定评估的机构或人员,在评估工作中直接或间接取得或使用对二手车鉴定评估有借鉴或佐证作用的资料,主要包括价格资料和技术资料。

(1)价格资料。价格资料包括最新二手车整车销售价格、易损零部件价格、车辆精品装备价格、维修工时定额和维修工时单价等资料;国家税费征收标准、车辆价格指数变化、各品牌车型残值率等资料。

(2)技术资料。技术资料包括机动车的技术参数,新产品、新技术、新结构的变化;车辆故障的表面现象与差别;车辆维修工艺及国家有关技术标准等资料。

(二)签订委托书

1. 世界汽车分类

1)欧系分类

欧系分类以德国车为例。德国汽车标准分为 A00、A0、A、B、C、D 等级别。其中 A 级车(包括 A0、A00)为小型轿车,B 级车为中档轿车,C 级车为高档轿车,D 级车为豪华轿车,等级划分主要依据轴距、发动机排量、质量等参数。

(1)A00 级车。A00 级轿车轴距为 2~2.2m,发动机排量小于 1L。

(2)A0 级车。A0 级轿车轴距为 2.2~2.3m,发动机排量为 1~1.3L。

(3)A 级车。A 级车轴距为 2.3~2.45m,发动机排量为 1.3~1.6L。

(4)B 级车。B 级车轴距为 2.45~2.6m,发动机排量为 1.6~2.4L。

(5)C 级车。C 级车轴距为 2.6~2.8m,发动机排量为 2.3~3.0L。

(6)D 车。D 级豪华轿车轴距均大于 2.8m,发动机排量基本都在 3.0L 以上。

另外,德国轿车的车尾字母有 G、GL、GLS 等,一般理解为 G 为基本型,GL 为豪华型,GLS 为顶级车。

2)美系分类

美系车分类以通用汽车公司的分类标准为例。通用公司一般将轿车分为六级,它是综合考虑了车型尺寸、发动机排量、装备和售价之后得出的分类。

(1)Mini 级。Mini 级一般指发动机排量为 1L 以下的轿车。

(2)Small 级。Small 级一般指发动机排量为 1.0~1.3L 的轿车。

(3)Low-med 级。Low-med 级一般指发动机排量为 1.3~1.6L 的轿车。

(4)Interm 级。Interm 级和德国的低端 B 级轿车基本吻合。

(5)Upp-med 级。Upp-med 级涵盖 B 级轿车的高端和 C 级轿车的低端。

(6)Large/Lux 级。Large/Lux 级和国内的高级轿车相对应,涵盖 C 级车的高端 D 级车。

3)日系分类

日本是汽车生产大国,但它的汽车分类比较简单,仅有三类,即轻乘用车、小型乘用车、普通乘用车。

2. 我国汽车分类

我国汽车分类的方法较为复杂,从用途、结构、管理需要等各个不同的角度,可以进行不同的分类,见图 1-23。

目前,我国的车型统计分类是参考国家标准《汽车和挂车类型的术语和定义》(GB/T 3730.1—2001)和《机动车辆及挂车分类》(GB/T 15089—2001),结合我国汽车工业的发展状况制定的。在大的分类上基本与国际较为通行的表达一致,分为乘用车和商用车两大类。

(1)乘用车。乘用车是指在其设计和技术特性上主要用于载运乘客及其随身行李或临时物品的汽车,包括驾驶员座位在内最多不超过 9 个座位。它也可牵引一辆挂车。乘用车细分为基本型乘用车、多功能车(MPV)、运动型多用途车(SUV)和交叉型乘用车四类。上述四类车型又分别按照厢门、排量、变速器的类型和燃料类型进行了细分。

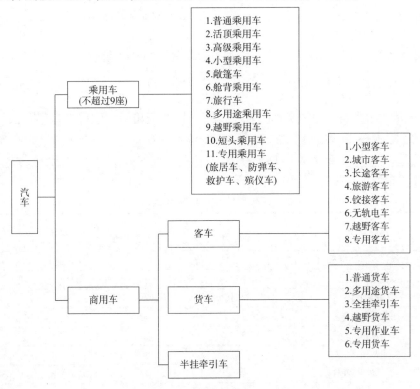

图1-23 我国通用汽车分类

(2)商用车。商用车是指在设计和技术特性上用于运送人员和货物的汽车,并且可以牵引挂车。乘用车不包括在内。它包括各类专用载货汽车,如油罐车、洒水车、随车起重运输车、散装水泥车、自卸车、厢式车、冷藏车、高空作业车、环卫车等。

按各管理部门管理规定分类:税务部门消费税按排量分为1.5L(含)以下、1.5~2.0L(含)、2.0~2.5L(含)、2.5~3.0L(含)、3.0~4.0L(含)和4.0L以上六档。交通管理部门在对机动车登记时,按照《机动车登记规定》,将汽车分为载客汽车、载货汽车、三轮汽车、低速汽车。海关部门将汽车共分为八类,即载货汽车、小轿车、特种用途车、机动大中型客车、旅行小客车(9座及以下)、越野车(四轮驱动)等。交通部门在收费公路上收取车辆通行费时,以客车座位和货车吨位进行分类收费。

3. 签委托书注意事项

对可交易的车辆,要签订二手车鉴定评估委托书。签订委托书时,注意以下事项:

(1)委托方保证所提供的资料客观真实,并负法律责任。

(2)仅对车辆进行鉴定评估。

(3)评估结论仅对本次委托有效,不可用作其他用途。

(4)鉴定评估人员与有关当事人没有利害关系。

(5)委托方如对评估结论有异议,可于收到《二手车鉴定评估报告》之日起10日内向受托方提出,受托方应给予解释。

二手车鉴定评估委托书(示范文本)

委托书编号:_____

委托方名称(姓名):	鉴定评估机构名称:
法人代码证(身份证):	法人代码证:
委托方地址:	鉴定评估机构地址:
联系人:	联系人:
电话:	电话:

因 □交易 □典当 □拍卖 □置换 □抵押 □担保 □咨询 □司法裁决需要,委托人与受托人达成委托关系,对号牌号码为_____,车辆类型为_____,车架号(VIN码)为_____的车辆进行技术状况鉴定并出具评估报告书,_____年_____月_____日前完成。

委托评估车辆基本信息

车辆情况	厂牌型号			使用用途	营运 □ 非营运 □
	总质量/座位/排量			燃料种类	
	初次登记日期	年 月 日		车身颜色	
	已使用年限	年 个月		累计行驶里程(万km)	
	大修次数	发动机(次)		整车(次)	
	维修情况				
	事故情况				
价值反映	购置日期	年 月 日		原始价格(元)	
备注:					

委托方:(签字、盖章)　　　　　　　　　　　　　受托方:(签字、盖章)

年 月 日　　　　　　　　　　　　　　　　　　　年 月 日

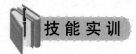

技能实训

(一)查验二手车交易手续

1. 准备工作

(1)准备车辆:一辆符合交易条件的二手车。

(2)准备资料:二手车的相关证件。

2. 实训过程

1)查验机动车来历凭证

机动车来历凭证除了全国统一的机动车销售发票或者二手车销售发票之外,还有法院调解书、裁定书、判决书、公证书、权益转让证明书、没收走私汽车证明书、协助执行通知书、调拨证明等机动车来历凭证。凡无合法机动车来历凭证者,应认真查验。机动车发票分为手工票和计算机票两种,手工票规格为214mm×150mm(25开),计算机发票规格为241mm×153mm。针对二手车销售统一发票真假的辨别,可以根据开票日期、发票代码、发票号码及开票单位识别号等信息在税务机关网站查询真伪。

2)查验机动车登记证书

机动车登记证书是机动车的"户口本",所有机动车的详细信息及机动车所有人的资料都记载在上面。在二手车评估中,评估参数必须从机动车登记证书获取,为此应当详细检查机动车登记证书每个项目的内容及其变更情况,并进行认真核对。查验内容包括:核对机动车所有人是否曾为出租公司或租赁公司;核对登记日期和出厂日期是否时间跨度很大;核对进口车是海关进口或海关罚没;核对使用性质是非营运、营运、租赁或营转非,机动车使用性质主要有公路客运、公交客运、出租客运、旅游客运、租赁、货运、非营运、警用、消防、救护、工程抢险、营转非、出租营转非等多种;核对登记栏内是否注明该车已作抵押;对于货运车辆还要核对长、宽、高、轮距、轴距、轮胎的规格是否一致;核对钢板弹簧片数是否一致或存在加厚的现象;核对现机动车登记证书持有人与受委托人是否一致等。

3)查验机动车行驶证

机动车行驶证是车辆上路必须携带证件之一。行驶证正证上有可识别的、不规则的、与行驶证卡片上图形相同的暗记,只要用紫外线照射即可显示。还要查看行驶证背面上的车辆照片与实物是否相符以及行驶证上的印刷字体、字号是否一致,纸质是否合格、印刷质量是否清晰。最常见的是伪造行驶证副页上的检验合格时间,车辆没有按规定时间到车辆检测机构办理车辆年检手续,却利用造假手段在行驶证副页上打印检验合格日期。这种情况下可以根据机动车号牌到当地车辆管理所对车辆年检合格时间进行核对。

4)查验机动车号牌

机动车号牌可以通过非法加工、偷牌、拼装等手段被伪造。因此在二手车交易中,一定要先判断车辆号牌的真伪。

车辆号牌的识伪方法有:一是看号牌的识伪标记,因为我国机动车号牌实行准产管理制度,取得准产证的企业生产的号牌上都加有防伪合格标记。二是看号牌着色深浅和反光特征,因为机动车号牌在生产中涂抹底漆并采用发光膜技术,而伪造的号牌在阳光下,牌照的颜色会发生变化,偏红或者偏黄,字体也会变窄,这些都是假牌照的硬伤,细加端详就能发现。三是查看号牌外观特征、字符特征和间隔符特征。因为伪造的机动车号牌会出现四角弧度不一致、有凸角、四角有锋口、手摸有刺痛感、号牌质量参差不齐等情况。拆下车牌,其背面可能就会有敲打过的痕迹,而且伪造号牌上有时字迹模糊,字符存在差异,字体边缘会有棱角,字符字形和笔画粗细都不一致,只要细心观察,就能分辨真假。

5)查验机动车安全技术检验合格标志

机动车检验合格标志的颜色分为黄、绿、蓝三种,每3年循环一次。按照惯例,2017年的标志为黄色,2018年的标志为绿色,2019年的标志为蓝色,以此类推。机动车安全技术检验合格标志的查验主要是看标志颜色、标志反面的合格标志号、检验有效期及检验机构。若怀疑造假,可向检验机构查证。

6)查验车辆购置税缴费凭证

车辆购置税完税证明有以下特征:

(1)纸质坚韧,用手弹击声音清脆。

(2)对光观看可见纸内有多个税徽标识。

(3)证明下边花纹集中,显示"车辆购置税"五字汉语拼音第一个大写字母CLGZS。

(4)证明正、副本备注页中有一个蓝色税徽。

(5)完税证明右上方编码规则,2009年以前证明为10位数字,第一位数字表示年份,第二、三位数字代表省份,以后7位数字表示证明编号。2010年后为11位数字,第一、二位数字表示年份,第三、四位数字代表省份,以后7位数字表示证明编号。

(6)在征税或免税栏内有征税专用章。专用章为圆形,直径3cm,外边宽1mm,内容是"××市(县)国家税务局,01(02)号,车购税征税专用章",宋体字。

(7)在紫外线下可见证明编号发亮,变成红色。证明中有一直径约3cm圆形团花。

根据以上特征仔细分辨真伪后,还要查验纳税人(车主)名称、车辆厂牌型号、发动机号、车架号(或车辆识别代号)、牌照号码与实际车辆是否一致等。对于车辆购置税完税证明丢失的,可以到税务机关或通过互联网查询。

新版车辆购置税完税证明(图1-24)于2013年4月1日正式启用。防伪加强,使用方便。

a)正面

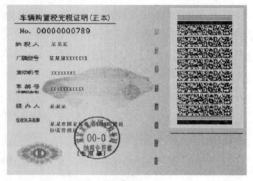
b)背面

图1-24 车辆购置税完税证明(新版)

7)查验交强险保险单

查验交强险保险单有无涂改,因为涂改后的交强险单证无效。

8)查验车船使用税缴付凭证

车船使用税通常由保险公司代为收缴,可查验有效交强险保单代收车船税栏内信息,确认缴费情况。

9)查验机动车交通事故责任强制保险标志

从2011年开始,交强险标志循环使用2008年度、2009年度和2010年度的三套交强险标志颜色标准(对应蓝色、绿色、黄色)。按照此办法,2017年的交强险标志为黄色,2018年为绿色,2019年为蓝色,以此类推。查验机动车交强险标志主要是看标志的颜色是否正确,标志反面的保险单号与纸质保险单号是否一致,号牌号码与实车是否一致,保险期间是否在有效期内,有无涂改、交强险承保公司是否属实等。要注意,涂改的交强险标志无效。

10)查验道路运输证

道路运输证(图1-25)是证明营运车辆合法经营的有效证件,也是记录营运车辆审验情况和对经营者奖惩的主要凭证,道路运输证必须随车携带,在有效期内全国通行。道路运输证由正证和副证两部分组成,采用防伪标识,封面为墨绿色,外廓尺寸为10.5cm×7.5cm,证件尺寸正证为9.0cm×6.2cm,副证尺寸为9.5cm×6.8cm。材质为205克铜版纸。道路运输证正证正面是车辆有关内容;背面是车辆45°角彩色照片。正证第一行左上方为运政号;第二行为业户名称;第三行为地址;第四行为车辆行驶证号;第五行为经营许可证号;第六行为车辆类型;第七行为吨(座)位;第八行为经营范围;第九行为经济类型;第十行为企业经营资质等级;第十一行为备注;第十二行为核发机关和日期;第十三行为审验有效期。副证作为查扣及待理记载依据之用。道路运输证中的主证和副证必须齐全,编号必须相同,填写的内容必须一致。

a)封面　　　　b)正证　　　　c)副证

图1-25　道路运输证

随着科学技术的发展,根据交通运输部有关规定以及《IC卡道路运输证应用技术规范》(JT/T 654—2006)《IC卡道路运输证件》(JT/T 825—2012)等行业标准,自2012年5月1日起开始启用IC卡道路运输证,原纸质两证将逐步换发。换证期间,IC卡证件与纸质证件同为有效证件。目前IC卡道路运输证件(图1-26)已逐渐代替纸质版道路运输证。IC卡道路运输证件集成了道路运输证和高速ETC的功能。检查道路运输证正面文字应正确,图案应清晰。背面底纹应为公路徽标和"道路运输证"文字浮雕底纹,颜色为两边蓝绿色,中间蓝色,渐变过渡,文字内容、编排应符合JT/T 825.4—2012的要求,照片与实车必须一致。

a)正面　　　　　　　　　　b)背面

图1-26　IC卡道路运输证

(二)签订委托书

1. 准备工作

(1)准备车辆:一辆符合交易条件的二手车。

(2)准备资料:二手车相关证件,二手车维修资料,二手车鉴定委托书。

2. 实训过程

(1)确定双方的信息。

(2)确定鉴定评估的目的。

(3)确定车辆信息。

(4)签订二手车鉴定评估委托书。

模块小结

(1)二手车是指从办理完注册登记手续到达到国家强制报废标准之前进行交易并转移所有权的汽车。

(2)二手车交易市场是指依法设立、为买卖双方提供二手车集中交易和相关服务的场所。

(3)二手车交易概况:有形市场占据主导地位,品牌认证二手车大发展,二手车电商的兴起,二手车消费环境更加宽容和理性。

(4)二手车未来趋势:市场规模进一步扩大;新能源二手车交易量增长;二手车消费重心将由一、二线城市向三、四线城市延伸;二手车行业将归回流通本质,将呈现信息不对称暴利时代终结,车商走向专业化、规模化;直卖模式悄然退场,二手车拍卖崛起;跨区域流通越烧越火,成交易增长主要驱动力。

(5)二手车凭证主要包括机动车来历凭证、机动车法定凭证和机动车税费凭证。

(6)二手车鉴定评估是指对二手车进行技术状况检测、鉴定,确定某一时点价值的过程。

(7)二手车鉴定评估的目的可分为两大类:一类是变动二手车产权,另一类是不变动二手车产权。

(8)二手车鉴定评估依据包括行为依据、法律依据、产权依据和取价依据。

思考与练习

1. 什么是二手车?

2. 我国二手车市场未来发展趋势如何?

3. 二手车凭证分哪几类?

4. 如何判别二手车是否可交易?

5. 什么是二手车鉴定评估?

6. 二手车鉴定评估的法律依据是什么?

模块二　二手车技术状况鉴定

学习目标

1. 能正确填写车辆基本信息;
2. 能准确判别事故车;
3. 能快速准确鉴定二手车静态技术状况;
4. 能快速准确鉴定二手车动态技术状况;
5. 能对二手车进行正确拍照。

建议课时

16 课时。

一、判别事故车

(一) 车辆识别

1. VIN 识别

1) VIN 含义

VIN(Vehicle Identification Number),即车辆识别代号,是车辆制造厂为了识别而给一辆车指定的一组代码。VIN 是由 17 位字母、数字组成的编码,又称 17 位识别代码。

车辆识别代号经过排列组合,可以使同一车型的车在 30 年之内不会发生重号现象,具有对车辆的唯一识别性,因此也可以将它称为"汽车身份证"。

我国在 1996 年底颁布了相关标准,并于 1997 年开始实行 VIN 识别技术。在实际操作中,1999 年 1 月 1 日以后被初次登记的车辆必须拥有车辆识别代号。

2) VIN 的组成

VIN 由三个部分组成(图 2-1):第一部分,世界制造厂识别代号(WMI);第二部分,车辆说明部分(VDS);第三部分,车辆指示部分(VIS)。

下面我们以 VIN 码为 LGBC1AE063R000814 风神蓝鸟车为例具体说明。

(1)第一部分:世界制造厂识别代号(WMI)必须经过申请、批准和备案后方能使用。第一位字码是标明一个地理区域的字母或数字,第二位字码是标明一个特定地区内的某个国家的字母或数字,第三位字码是标明某个特定的制造厂的字母或数字,第一、二、三位字码的组合能保证制造厂识别标志的唯一性,如 LGB 代表东风汽车公司。

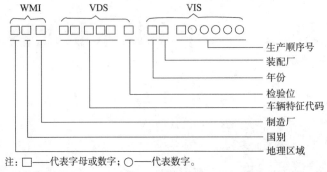

图 2-1 VIN 码组成

(2)第二部分:车辆说明部分(VDS)由六位字码组成。如果制造厂不用其中的一位或几位字码,应在该位置填入制造厂选定的字母或数字占位。此部分应能识别车辆的一般特性,其代号顺序由制造厂决定。例中的第四到第九位分别表示:

①C(第四位)表示品牌系列。C 表示风神"蓝鸟"EQ7200 系列,E 表示 NISSAN SUN-NY2.0 系列。

②I(第五位)表示车身类型。1 表示四门三厢,2 表示四门二厢,3 表示五门二厢,4 表示三门二厢。

③A(第六位)表示发动机特征。A 表示 2.0L,B 表示待定。

④E(第七位)表示约束系统类型。

⑤0(第八位)表示变速器形式。0 表示 AT,2 表示 MT。

⑥6(第九位)为检验位,可由其他 16 位通过一定计算规则算出。

(3)第三部分:车辆指示部分(VIS),由八位字码组成,其最后四位字码应是数字。例中的第十至十七位分别表示:

①3(第十位)表示年份,车型年份即厂家规定的型年(Model Year),不一定是实际生产的年份,但一般与实际生产的年份之差不超过 1 年,3 为 2003 年款。车型年份对应的代码见表 2-1。

车型年份对应的代码   表 2-1

年 份	代 码	年 份	代 码	年 份	代 码	年 份	代 码
2001	1	2011	B	2021	M	2031	1
2002	2	2012	C	2022	N	2032	2
2003	3	2013	D	2023	P	2033	3
2004	4	2014	E	2024	R	2034	4
2005	5	2015	F	2025	S	2035	5
2006	6	2016	G	2026	T	2036	6
2007	7	2017	H	2027	V	2037	7
2008	8	2018	J	2028	W	2038	8
2009	9	2019	K	2029	X	2039	9
2010	A	2020	L	2030	Y	2040	A

②R(第十一位)表示装配厂代码。R 为风神一厂(襄樊),Y 为风神二厂(花都)。

③000814(最后六位)表示生产序号。一般情况下,汽车召回都是针对某一顺序号范围内的车辆,即某一批次的车辆。

2.汽车产品型号编制

汽车产品型号由汉语拼音字母和阿拉伯数字组成,汽车产品型号表明汽车的厂牌、类型和主要特征参数等。汽车型号编制包括如图 2-2 所示三部分:

```
□□          ○○○○          ■■■
首部           中部          企业自定义
```

注:□用汉语拼音字母表示;○用阿拉伯数字表示;■用汉语拼音字母或阿拉伯数字表示均可。

图 2-2 汽车产品型号编制

1)首部

首部由 2 个或 3 个汉语拼音字母组成,是识别企业名称的代号。例如:ZZ 代表中国重汽;CA 代表第一汽车制造厂;ND 代表北京奔驰,EQ 代表第二汽车制造厂;TJ 代表天津汽车制造厂等。

2)中部

中部由 4 位阿拉伯数字组成。第 1 位数字代表该车的类型(1 为载货汽车;2 为越野汽车;3 为自卸汽车;4 为牵引汽车;5 专用汽车;6 为客车;7 为轿车;9 为半挂车及专用半挂车),见表 2-2。

汽车类别代号表　　　　　　　　　　　　表 2-2

车辆类别代号	车 辆 种 类	车辆类别代号	车 辆 种 类
1	载货汽车	5	专用汽车
2	越野汽车	6	客车
3	自卸汽车	7	轿车
4	牵引汽车	9	半挂及专用半挂车

中部的第 2、3 位代表各类汽车的主要特征参数,其中,对于载货汽车、越野汽车、自卸汽车、牵引汽车、专用汽车,均表示汽车的总质量(单位 t);对于客车,表示汽车的总长度(单位 0.1m);对于轿车,表示汽车的排气量(单位 0.1mL);对于半挂车及专用半挂车,表示汽车的总质量(单位 t)。

中部的第 4 位代表产品序号,其中 0 代表第一代产品;1 代表第二代产品。

例如:BJ2020S,其中 BJ 代表北汽;2 代表越野车;02 代表该车总质量为 2t;0 代表该车为第一代产品;S 为厂家自定义。

又如:TJ7131U,其中 TJ 代表天津汽车制造厂;7 代表轿车;13 代表排气量为 1.3L;1 代表该车为第二代产品;U 为厂家自定义。

必须指出的是,有些车在中部 4 位数字尾部还有一些字母,这些字母是由生产厂家自定义的。

例如:一汽集团用代号 A 表示有空调客车底盘;E 表示高栏板;J 表示检阅用轿车;D 表示公共汽车底盘;G 表示高动力性能汽车;U 表示客货两用车等。

又如:东风牌 EQ1195GX24D 型载货汽车,其中 EQ 表示第二汽车制造厂;1 表示货车;19 表示总质量 19t;5 表示第六代产品;G 表示平头/曲面玻璃/1.5 排(单排带卧铺);X 表示厢式;24D 表示发动机型号为 6CT(柴油)。

3)汽车标牌

汽车标牌(图 2-3)安置在汽车相关部位,对汽车出厂时间、汽车基本性能和相关信息用文字或字母进行记录。它方便使用者和相关工作人员掌握车辆的各类相关信息。

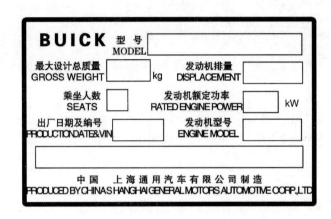

图 2-3 上海通用别克汽车标牌

(二)登记车辆基本信息

1. 登记车辆使用性质信息

根据车辆的使用性质,我国目前将车辆按如下方式分类。

(1)营运车辆:指由交通运输管理部门核发营运证书的从事客运、货运或客货两用的车辆;或车辆的运载是以完成商业性传递或交通运输为目的,如邮政运输车辆。

(2)非营运车辆:指各级党政机关、社会团体、企事业单位、个人等自用的车辆。

登记车辆使用性质信息,明确是营运还是非营运车辆。

首先要明确车辆使用性质信息。对于车辆使用性质信息,可以通过车辆机动车登记证书上的信息栏查询。

车辆的使用性质不同,车辆的风险不同。整体而言,因为营运车辆长时间运转,车辆磨损率及事故概率要比家庭自用和非营运车辆高,因此,营运车辆风险比非营运车辆要大。

2. 登记车辆基本信息

按《二手车鉴定评估技术规范》(GB/T 30323—2013),填写《二手车技术状况表》(表 2-3),填写车辆基本信息和重要配置信息,包括车辆类别、名称、型号、生产厂家、初次登记日期、表征行驶里程等。如果表征行驶里程如与实际车况明显不符,应在《二手车鉴定评估报告》有关技术缺陷描述时予以注明。

二手车技术状况表　　　　　　　　　　　　　表 2-3

车辆基本信息	厂牌型号			牌照号码		
	发动机号			VIN 码		
	注册登记日期	年　月　日		表征里程		万 km
	品牌名称		□国产　□进口	车身颜色		
	年检证明	□有(至年月)　□无		购置税证书	□有　□无	
	车船税证明	□有(至年月)　□无		交强险	□有(至年月)　□无	
	使用性质	□营运用车　□出租车　□公务用车　□家庭用车　□其他				
	其他法定凭证、证明	□机动车号牌　□机动车行驶证　□机动车登记证书　□第三者强制保险单　□其他				
	车主名称/姓名			企业法人证书代码/身份证号码		
重要配置	燃料标号		排量		缸数	
	发动机功率		排放标准		变速器形式	
	气囊		驱动方式		ABS	□有　□无
	其他重要配置					
是否为事故车	□是　□否	损伤位置及损伤状况				
鉴定结果	分值			技术状况等级		
车辆技术状况鉴定缺陷描述	鉴定科目	鉴定结果(得分)		缺陷描述		
	车身检查					
	发动机舱检查					
	驾驶舱检查					
	启动检查					
	路试检查					
	底盘检查					

(三)判别事故车

1.检查车体左右对称性

使用漆面厚度检测设备配合对车体结构部件进行检测;使用车辆结构尺寸检测工具或设备检测车体左右对称性(代码为1)。

(1)检查要点:观察车身线条(腰线)是否顺畅。

(2)观察各个部件接缝处是否均匀。

(3)查看前后车门、翼子板是否变形,是否有明显的修复痕迹,有无色差。

(4)观察轮胎位置与倾斜角度。

(5)观察左右部件是否对称,是否满足国标《机动车运行安全技术条件》(GB 7258—2017)中规定:车体外缘左右对称部位高度差应小于等于40mm。

2. 检查车辆外观

(1)参照图2-4所示车体部位(代码为2~13),按照表2-4要求检查车辆外观,判别车辆是否发生过碰撞、火烧,确定车体结构是完好无损或者有事故痕迹。

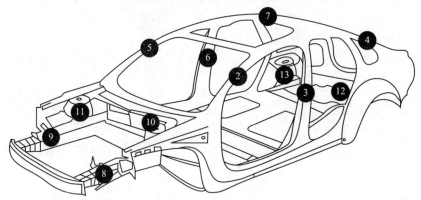

图2-4　车体部位结构图

(2)根据表2-4、表2-5对车体状态进行缺陷描述,即车身部位代码+状态。例如4SH,即表示左C柱有烧焊痕迹。

车体部位代码表　　　　　　　　　　　　　　　　　　　　　　　　　表2-4

序号	检查项目	序号	检查项目
1	车体左右对称性	8	左前纵梁
2	左A柱	9	右前纵梁
3	左B柱	10	左前减振器悬挂部位
4	左C柱	11	右前减振器悬挂部位
5	右A柱	12	左后减振器悬挂部位
6	右B柱	13	右后减振器悬挂部位
7	右C柱		

车辆缺陷状态描述对应表　　　　　　　　　　　　　　　　　　　　　表2-5

代表字母	BX	NQ	GH	SH	ZZ
缺陷描述	变形	扭曲	更换	烧焊	褶皱

(3)当表2-4中任何一个检查项目存在表2-5中对应的缺陷时,则该车为事故车。

二、静态技术状况鉴定

二手车技术状况鉴定就是对车辆技术状况进行缺陷描述、等级评定。技术状况鉴定可分为静态技术状况鉴定和动态技术状况鉴定。静态技术状况鉴定就是汽车处于静止状态,鉴定评估人员根据自身的经验和技能,辅之以简单的工量具,对车辆技术状况进行直观检查和鉴定。静态技术状况鉴定包括车身外观、发动机舱、驾驶舱、底盘四个项目。动态技术状况鉴定就是汽车处于运动状态或者发动机运转时,鉴定评估人员根据自身的经验和技能,辅之以简单的工量具,对车辆技术状况进行定性和定量的直观检查和鉴定。动态技术状况鉴定包括启动和路试两个项目。此外,还包括功能零部件的检查和二手车辆拍照。根据检查结果确定车辆技术状况的分值。总分值为各个鉴定项目分值累加,即鉴定总分 = ∑ 项目分值,满分 100 分。各项目所占分值见表 2-6。

二手车技术状况鉴定项目及分值　　　　　　表 2-6

鉴定类别	鉴定项目	分　值
静态	车身外观	20
	发动机舱	20
	驾驶舱	10
	底盘	15
动态	启动	20
	路试	15
合计(满分)		100

(一)车身外观鉴定

(1)车身外观展开示意图如图 2-5 所示。

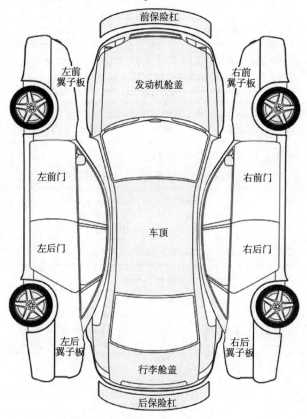

图 2-5　车身外观展开示意图

(2) 车身外观鉴定部位及代码如表2-7所示。

车身外观鉴定部位及代码对应表　　　　表2-7

代码	部位	代码	部位
14	发动机舱盖表面	27	后保险杠
15	左前翼子板	28	左前轮
16	左后翼子板	29	左后轮
17	右前翼子板	30	右前轮
18	右后翼子板	31	右后轮
19	左前车门	32	前照灯
20	右前车门	33	后尾灯
21	左后车门	34	前风窗玻璃
22	右后车门	35	后风窗玻璃
23	行李舱盖	36	四门风窗玻璃
24	行李舱内则	37	左后视镜
25	车顶	38	右后视镜
26	前保险杠	39	轮胎

(3) 车身外观缺陷代码及状态描述如表2-8所示。

车身外观缺陷代码及状态描述对应表　　　　表2-8

代码	HH	BX	XS	LW	AX	XF
描述	划痕	变形	锈蚀	裂纹	凹陷	修复痕迹

(4) 车身外观缺陷程度及扣分标准如表2-9所示。

车身外观缺陷程度及扣分标准表　　　　表2-9

序号	缺陷程度	扣分标准
1	面积小于或等于100mm×100mm	0.5
2	面积大于100mm×100mm并小于或等于200mm×300mm	1.0
3	面积大于200mm×300mm	1.5
4	轮胎花纹深度小于1.6mm	1.0

(5) 车身外观鉴定项目转义描述。车身部位代码+状态+程度。例21XS2对应描述为：左后车门有锈蚀，面积为大于100mm×100mm，但小于或等于200mm×300mm。

车身外观项目共计20分，扣完为止。

(二) 发动机舱鉴定

(1) 发动机舱鉴定项目及扣分标准如表2-10所示。

发动机舱鉴定项目及扣分标准表　　　　　　　　　　表 2-10

序号	鉴定项目	缺陷程度		扣分标准
40	机油有无冷却液混入	A	无	0
		B	轻微	15
		C	严重	15
41	缸盖外是否有机油渗漏	A	无	0
		B	轻微	5.0
		C	严重	5.0
42	前翼子板内缘、水箱框架、横拉梁有无凹凸或修复痕迹	A	无	0
		B	轻微	1.5
		C	严重	3.0
43	散热器格栅有无破损	A	无	0
		B	轻微	1.5
		C	严重	3.0
44	蓄电池电极桩柱有无腐蚀	A	无	0
		B	轻微	2.0
		C	严重	4.0
45	蓄电池电解液有无渗漏、缺少	A	无	0
		B	轻微	1.5
		C	严重	3.0
46	发动机皮带有无老化	A	无	0
		B	轻微	1.5
		C	严重	3.0
47	油管、水管有无老化、裂痕	A	无	0
		B	轻微	1.5
		C	严重	3.0
48	线束有无老化、破损	A	无	0
		B	轻微	1.5
		C	严重	3.0
49	其他		只描述缺陷,不扣分	

（2）发动机舱鉴定注意事项：

①发动机舱鉴定项目共计 20 分,扣完为止。

②如检查第 40 项时发现机油有冷却液混入、检查第 41 项时发现缸盖外有机油渗漏,则应在《二手车鉴定评估报告》或《二手车技术状况表》的技术状况缺陷描述中分别予以注明,并提示修复前不宜使用。

（三）驾驶舱鉴定

（1）驾驶舱鉴定项目及扣分标准如表 2-11 所示。

驾驶舱鉴定项目及扣分标准　　　　表 2-11

序号	鉴定项目	缺陷状态		扣分标准
50	车内是否无水泡痕迹	A	是	0
		C	否	1.5
51	车内后视镜、座椅是否完整、无破损、功能正常	A	是	0
		C	否	0.5
52	车内是否整洁、无异味	A	是	0
		C	否	0.5
53	转向盘自由行程转角是否小于 20°	A	是	0
		C	否	1.0
54	车顶及周边内饰是否无破损、松动及裂缝和污迹	A	是	0
		C	否	1.0
55	仪表台是否无划痕，配件是否无缺失	A	是	0
		C	否	1.0
56	变速杆及护罩是否完好、无破损	A	是	0
		C	否	1.0
57	储物盒是否无裂痕，配件是否无缺失	A	是	0
		C	否	1.0
58	天窗是否移动灵活、关闭正常	A	是	0
		C	否	1.0
59	门窗密封条是否良好、无老化	A	是	0
		C	否	1.0
60	安全带结构是否完整、功能是否正常	A	是	0
		C	否	1.0
61	驻车制动系统是否灵活有效	A	是	0
		C	否	1.0
62	玻璃窗升降器、门窗工作是否正常	A	是	0
		C	否	1.0
63	左、右后视镜折叠装置工作是否正常	A	是	0
		C	否	1.0
64	其他	只描述缺陷，不扣分		

（2）驾驶舱鉴定注意事项：

① 驾驶舱鉴定共计 10 分，扣完为止。

② 如检查第 60 项时发现安全带结构不完整或者功能不正常，则应在《二手车鉴定评估报告》或《二手车技术状况表》的技术状况缺陷描述中予以注明，并提示修复或更换前不宜使用。

(四)底盘鉴定

(1)底盘鉴定项目及扣分标准如表 2-12 所示。

底盘鉴定项目及扣分标准　　　　　　　　　表 2-12

序号	鉴定项目	缺陷状态		扣分标准
65	发动机油底壳是否无渗漏	A	是	0
		C	否	4.0
66	变速器是否无渗漏	A	是	0
		C	否	4.0
67	转向节臂球销是否无松动	A	是	0
		C	否	3.0
68	三角臂球销是否无松动	A	是	0
		C	否	3.0
69	传动轴十字轴是否无松旷	A	是	0
		C	否	2.0
70	减振器是否无渗漏	A	是	0
		C	否	2.0
71	减振弹簧是否无损坏	A	是	0
		C	否	2.0
72	其他	只描述缺陷,不扣分		

(2)底盘鉴定注意事项:

底盘共计 15 分,扣完为止。

(五)功能性零部件鉴定

(1)功能性零部件鉴定项目如表 2-13 所示。

功能性零部件鉴定项目　　　　　　　　　表 2-13

序号	类别	零部件名称	序号	类别	零部件名称
73	车身外部件	发动机舱盖锁止	85	随车附件	备胎
74		发动机舱盖液压撑杆	86		千斤顶
75		后门/行李舱液压支撑杆	87		轮胎扳手及随车工具
76		各车门锁止	88		三角警示牌
77		前后刮水器	89		灭火器
78		立柱密封胶条	90	其他	全套钥匙
79		排气管及消声器	91		遥控器及功能
80		车轮轮毂	92		喇叭高低音色
81	驾驶舱内部件	车内后视镜	93		玻璃加热功能
82		座椅调节及加热			
83		仪表板出风管道			
84		中央集控			

(2)功能性零部件注意事项：

功能性零部件结构、功能坏损的，直接进行缺陷描述，不计分。

三、动态技术状况鉴定

(一)起动状况鉴定

(1)起动鉴定项目及扣分标准如表2-14所示。

起动鉴定项目及扣分标准　　　　　　　表2-14

序号	鉴定项目	缺陷状态		扣分标准
94	车辆起动是否顺畅(时间少于5s,或一次起动)	A	是	0
		C	否	2.0
95	仪表板指示灯显示是否正常,无故障报警	A	是	0
		C	否	2.0
96	各类灯光和调节功能是否正常	A	是	0
		C	否	1.0
97	泊车辅助系统工作是否正常	A	是	0
		C	否	0.5
98	防抱死制动系统(ABS)工作是否正常	A	是	0
		C	否	0.5
99	空调系统风量、方向调节、分区控制、自动控制、制冷工作是否正常	A	是	0
		C	否	0.5
100	发动机在冷、热车条件下怠速运转是否稳定	A	是	0
		C	否	0.5
101	怠速运转时发动机是否无异响,空挡状态下逐渐增加发动机转速,发动机声音过渡是否无异响	A	是	0
		C	否	10
102	车辆排气是否无异常	A	是	0
		C	否	10
103	其他		只描述缺陷,不扣分	

(2)起动鉴定注意事项：

①起动鉴定共计20分，扣完为止。

②如检查第95项时发现仪表板指示灯显示异常或出现故障报警，则应查明原因，并在《二手车鉴定评估报告》或《二手车技术状况表》的技术状况缺陷描述中予以注明。

③优先选用车辆故障信息读取设备对车辆技术状况进行检测。

(二)路试状况鉴定

(1)路试状况鉴定项目及扣分标准如表2-15所示。

路试状况鉴定项目及扣分标准 表2-15

序号	鉴定项目	缺陷状态	扣分标准
104	发动机运转、加速是否正常	A 是	0
		C 否	2.0
105	车辆起动前踩下制动踏板,保持5~10s,踏板无向下移动的现象	A 是	0
		C 否	2.0
106	踩住制动踏板起动发动机,踏板是否向下移动	A 是	0
		C 否	2.0
107	行车制动系最大制动效能在踏板全行程的4/5以内达到	A 是	0
		C 否	2.0
108	行驶是否无跑偏	A 是	0
		C 否	2.0
109	制动系统工作是否正常有效、制动不跑偏	A 是	0
		C 否	2.0
110	变速器工作是否正常、无异响	A 是	0
		C 否	2.0
111	行驶过程中车辆底盘部位是否无异响	A 是	0
		C 否	2.0
112	行驶过程中车辆转向部位是否无异响	A 是	0
		C 否	2.0
113	其他	只描述缺陷,不扣分	

（2）路试状况鉴定注意事项：

①路试状况共计15分,扣完为止。

②如检查第109项时发现制动系统出现制动距离长、跑偏等不正常现象,则应在《二手车鉴定评估报告》或《二手车技术状况表》的技术缺陷描述中予以注明,并提示修复前不宜使用。

四、二手车技术状况等级判定

根据鉴定分值,按照表2-16确定车辆对应的技术等级。

车辆技术状况等级分值对应表 表2-16

技术状况等级	分值区间
一级	鉴定总分≥90
二级	60≤鉴定总分<90
三级	20≤鉴定总分<60
四级	鉴定总分<20
五级	事故车

（1）得分在90分以上（含90分）的车辆,为一级。

（2）得分在60分以上（含60分）和90分以下的车辆,为二级,由于二级技术状况等级的分值跨度比较大,此处除了关注车辆技术等级以外,还需要参考具体的得分值。

(3)得分在20分以上(含20分)和60分以下的车辆,为三级,由于三级技术状况等级的分值跨度比较大,此处除了关注车辆技术等级以外,还需要参考具体的得分值。

(4)得分在20分以下的车辆,为四级。

(5)事故车,直接定为五级。

(一)静态技术状况鉴定

1. 准备工作

(1)准备车辆:一台准备交易的二手车。

(2)准备工具:汽车举升机、汽车故障解码器、盒尺或皮尺、全自动电子车身检测仪、漆膜厚度仪、轮胎花纹深度尺、手电筒、照相机、螺丝刀、扳手等常用操作工具等。

2. 实训过程

1)车身外观检查

(1)车身外观6种缺陷状态描述。

HH:划痕,根据车辆保险条款中划痕险的界定,由于受到尖锐物体的剐蹭,比如小刀、石子、钥匙等,发生无明显碰撞痕迹的车身表面油漆单独划伤,一般呈现线条分布。

BX:变形,由于碰撞等原因造成的车身表面形状的改变,一般通过肉眼可以看到表面的起伏不自然,当变形比较小的时候,可以通过手触摸来感觉。

XS:锈蚀,由于碰撞、刮伤、日晒雨淋等造成的漆面损伤,车身出现锈迹。

LW:裂纹,是指车身的铁皮或外壳出现开裂,可能由以下原因造成。

①严重过载引起准静态压溃:结构的静强度超过"许用值"导致的开裂,也是传统的静强度设计方法主要考虑的破裂准则。如斜坡上由于制动失灵而发生"溜车"现象导致相邻车辆接触部分被挤压变形。

②承受动态载荷引起动态应力激增导致断裂:由于路面状况不好,如出现长距离的扭曲路、搓板路、卵石路、凸台、凹坑等使车辆受随机载荷激励导致动应力过大,当高应力累计出现次数过多或累计时间过长导致塑性零件疲劳破坏,或脆性材料一次断裂。

③受瞬间高速冲击/碰撞引起的断裂:由于冲击载荷超过材料断裂极限载荷导致。

④漆面脱落,长期裸露腐蚀造成的开裂(常伴有锈蚀)。

AX:凹陷,由于碰撞等原因造成的车身局部表面形成周围高而中间低的外形。

XF:修复痕迹,车身出现变形等情况后,为了恢复车身外观的美观而对车身进行钣金、喷漆等作业后的痕迹。

(2)划痕、变形和锈蚀主要针对的是车身覆盖件以及行李舱内侧金属件。

对于不同程度的缺陷检测可以借助于车辆外观缺陷测量工具、漆面厚度仪、目测法等进行检测。

(3)针对左前轮、左后轮、右前轮、右后轮四个部位的技术状况鉴定,根据《机动车运行

安全技术条件》(GB 7258—2017)中关于轮胎的规定,应满足以下条件:

①轮胎:

a. 机动车所装用轮胎的速度级别不应低于该车最大设计车速的要求,但装用雪地轮胎时除外。

b. 公路客车、旅游客车和校车的所有车轮及其他机动车的转向轮不得装用翻新的轮胎;其他车轮如使用翻新的轮胎,应符合相关标准的规定。

c. 同一轴上的轮胎规格和花纹应相同,轮胎规格应符合整车制造厂的出厂规定。

d. 乘用车用轮胎应有胎面磨耗标志。

e. 专用校车和卧铺客车应装用无内胎子午线轮胎,危险货物运输车及车长大于9m的其他客车应装用子午线轮胎。

f. 乘用车、摩托车和挂车轮胎胎冠纵向花纹深度应大于或等于1.6mm,其他机动车转向轮的纵向胎冠花纹深度应大于或等于3.2mm;其余轮胎胎冠纵向花纹深度应大于或等于1.6mm。

g. 轮胎胎面不得因局部磨损而暴露出轮胎帘布层。轮胎不得有影响使用的缺损、异常磨损和变形。

h. 轮胎的胎面和胎壁上不得有长度超过25mm或深度足以暴露出轮胎帘布层的破裂和割伤。

i. 轮胎负荷不应大于该轮胎的额定负荷,轮胎气压应符合该轮胎承受负荷时规定的压力。具有轮胎气压自动充气装置的汽车,其自动充气装置应能确保轮胎气压符合出厂规定。

j. 双式车轮轮胎的安装应便于轮胎充气,双式车轮轮胎之间应无夹杂的异物。

②车轮总成:

a. 轮胎螺母和半轴螺母应完整齐全,并应按规定力矩紧固。

b. 车轮总成的横向摆动量和径向跳动量,总质量小于或等于3500 kg的汽车应小于或等于5 mm,摩托车应小于或等于3 mm,其他机动车应小于或等于8mm。

c. 最大设计车速大于100km/h的机动车,车轮的动平衡要求应与该车型的技术要求一致。

对于不满足以上条件的部分,需要及时更换,并提示修复或更换前不宜使用。

(4)针对前照灯和后尾灯部分的要求:

a. 灯罩外观要求无破损。

b. 在打开前照灯的时候,颜色显示正常,无色差的变化。

(5)风窗玻璃与车窗玻璃要求无破损。

(6)针对后视镜部分有两个要求,一个是无破损,一个是镜内物像的变形不能过大,要符合安全行驶与厂家规范要求,同时要保证足够的清晰度。

(7)针对轮胎部分,主要是对备胎的要求,乘用车备胎规格与该车其他轮胎不同时,应在备胎附近明显位置(或其他适当位置)装置能永久保持的标识,以提醒驾驶人正确使用备胎。

对于不满足以上条件的部分,需要及时更换,并提示修复或更换前不宜使用。

2)发动机舱检查

发动机舱内有许多关键的设备设施,对于不同部位以及不同程度的缺陷,对车辆的安全性影响也不同,扣分点也不尽相同,所以要认真检查,仔细核对。

(1) 对于机油混入冷却液缺陷描述状态扣分如表 2-17 所示。

机油混入冷却液缺陷描述状态扣分表 表 2-17

鉴定项目	描 述	状 态	扣 分
机油有无冷却液混入	无任何其他杂质液	A-无	0
	有少量混入,不影响机油的黏性	B-轻微	15.0
	大量混入,形成乳液,影响车辆	C-严重	15.0

(2) 对缸盖外是否有机油渗漏缺陷描述状态扣分如表 2-18 所示。

缸盖外是否有机油渗漏缺陷描述状态扣分表 表 2-18

鉴定项目	描 述	状 态	扣 分
缸盖外是否有机油渗漏	停车 5min 无任何渗漏	A-无	0
	停车 5min 有一滴机油渗漏	B-轻微	5.0
	停车 5min 超过一滴或一滩机油	C-严重	5.0

(3) 对前翼子板、水箱框架、横拉梁缺陷描述状态扣分如表 2-19 所示。

前翼子板、水箱框架、横拉梁缺陷描述状态扣分表 表 2-19

鉴定项目	描 述	状 态	扣 分
前翼子板内缘、水箱框架、横拉梁有无凹凸或修复痕迹	无任何凹凸或修复	A-无	0
	肉眼无法判断,借助工具或者手触摸可以感觉到凹凸或者轻微修复痕迹	B-轻微	1.5
	肉眼明显可以看出凹凸或修复痕迹	C-严重	3.0

(4) 对散热器格栅缺陷描述状态扣分如表 2-20 所示。

散热器格栅缺陷描述状态扣分表 表 2-20

鉴定项目	描 述	状 态	扣 分
散热器格栅有无破损	原装,无磨损	A-无	0
	自然磨损	B-轻微	1.5
	非原装,非正常磨损	C-严重	3.0

(5) 对蓄电池电极桩柱缺陷描述状态扣分如表 2-21 所示。

蓄电池电极桩柱缺陷描述状态扣分表 表 2-21

鉴定项目	描 述	状 态	扣 分
蓄电池电极桩柱有无腐蚀	无任何腐蚀痕迹	A-无	0
	有非明显腐蚀,对电流电压无明显影响	B-轻微	2.0
	有明显腐蚀,影响电流电压	C-严重	4.0

(6) 对蓄电池电解液缺陷描述状态扣分如表 2-22 所示。

蓄电池电解液缺陷描述状态扣分表 表 2-22

鉴定项目	描 述	状 态	扣 分
蓄电池电解液有无渗漏、缺少	无渗漏、无缺少	A-无	0
	有非明显渗漏、缺失,对电流电压无明显影响	B-轻微	1.5
	有明显渗漏、缺失,对电流电压有明显影响	C-严重	3.0

(7) 对发动机皮带缺陷描述状态扣分如表 2-23 所示。

模块二 二手车技术状况鉴定

发动机皮带缺陷描述状态扣分表　　　　　表2-23

鉴定项目	描述	状态	扣分
发动机皮带有无老化	无任何老化痕迹	A-无	0
	自然磨损老化，自由量在标准范围内，无裂纹	B-轻微	-1.5
	非正常磨损老化，自由量超出标准范围，有裂纹	C-严重	-3.0

（8）对油管、水管缺陷描述状态扣分如表2-24所示。

油管、水管缺陷描述状态扣分表　　　　　表2-24

鉴定项目	描述	状态	扣分
油管、水管有无老化、裂痕	无任何老化裂痕	A-无	0
	自然老化，非明显裂痕，不影响使用，无渗漏	B-轻微	1.5
	非正常老化，明显裂痕，有渗漏	C-严重	3.0

（9）对线束缺陷描述状态扣分如表2-25所示。

线束缺陷描述状态扣分表　　　　　表2-25

鉴定项目	描述	状态	扣分
线速有无老化、破损	无任何老化痕迹	A-无	0
	自然磨损老化，非明显破损，无金属裸露	B-轻微	1.5
	非正常磨损老化，有明显破损，有金属裸露	C-严重	3.0

3）驾驶舱检查

（1）车内是否无水泡痕迹可以从以下几个方面入手鉴别。

①把车门关闭，是否闻到霉臭味。

②中控台的皮质材料在泡水后颜色会变深，而且会出现有些地方深、有些地方浅的情况，仔细闻一下还会有霉味。

③泡水车的地毯晒干后可以看到那些毛粒耸起，而且用手摸上去会显得较为粗糙。没有泡水的地毯摸上去感觉会更为柔软。

④车内的淤泥痕迹，在车内四门以及座椅、行李舱内等地方是否有淤泥痕迹。

⑤车饰是否有改动。车泡过水后，一些车主可能对车内装饰，例如座椅套甚至座椅更换了全新设备。还有地毯、门板等内装有动工痕迹的也需要格外留神。

⑥车内是否有异味。用手摸摸坐垫，看有没有发胀，有没有水迹，有没有水腥味。

⑦检查安全带根部、保险盒内部、座椅电动机的锈蚀程度等。

（2）车内后视镜、座椅是否完整、破损、功能正常的检查。

检查车内后视镜、座椅是否完整，根据车辆说明书，调节座椅，查看功能是否齐全、正常。检查座椅的新旧程度，座椅表面应平整、清洁、无破损，座椅松动和严重磨损、凹陷，说明车经常载人，可推断该车经常在高负荷的工况下行驶。

（3）车内是否整洁、无异味的检查。

检查车内中控台、座椅、车顶、车地板等各处的洁净程度，确定是否存在异物或者脏东西，尤其是角落等处，检查车内各部分是否存在异味。

(4)转向盘自由行程转角是否小于20°。

通常汽车转向盘有一个自由转动量,转向盘在这个转动量内转动,车轮不产生左右运动,这个转动量用角度来表示,就是转向盘自由行程。

车辆停稳,轻轻转动转向盘至手感阻力增大,车轮刚要摆动,但还没产生摆动时,停止转动转向盘,此时在转向盘上任意一点做标记,然后向相反的方向转动转向盘至手感阻力增大,车轮刚要摆动,但还没产生摆动时,停止转动转向盘,转向盘上标记点所转过的角度,就是转向盘自由行程,这个行程一般用角度表示,也可以通过使用转向参数测量仪等设备来定量检测转向盘的自由转动量。其设备如图2-6所示。

图2-6 转向参数测量仪

根据《机动车安全运行条件》(GB 7258—2017)的规定,机动车转向盘的最大自由转动量应小于或等于:

①最大设计车速大于或等于100km/h的机动车15°。

②其他机动车25°。

建议按照以上要求进行检查,不要放宽到20°。通过以上方法测定转向盘自由行程转角是否满足要求。

(5)车顶及周围内饰是否无破损、松动及裂缝和污迹。

(6)仪表台是否无划痕、配件是否无缺失。

仪表台的配件主要有出风口、空调功能键、音响功能键、里程表、安全气囊、各部位灯的功能键等,根据汽车产品说明书检查项目是否有缺失,仪表台是否完整,是否存在划痕。

(7)换挡手柄及护罩是否完好、无破损。

(8)储物盒是否无裂痕,配件是否无缺失

根据车辆说明书检查是否存在裂痕,相关配件是否齐全。

(9)天窗是否移动灵活,关闭正常。

天窗的检查流程如下:

①检查天窗工作是否正常。如图2-7所示,检查天窗开关时是否有异响以及抖动。如果有异响或是抖动一般是因为滑轨上有沙尘或是润滑不良。此外还应该听天窗电动机的声音是否顺滑,电动机在发生故障前一般都会发出"虚脱"的声音。

图2-7 天窗工作状态检查

②检查水槽内是否清洁。如图2-8所示,在天窗水槽内除了浮土外,任何异物都有可能造成排水管路的堵塞,或是造成天窗的异常磨损。前部的挡板下方水槽是要重点检查的地方。

图2-8 天窗水槽检查

③检查天窗排水管路是否通畅。如图2-9所示,一般车型都具有左前、右前、左后、右后4条排水管,以便天窗水槽内的积水顺利排出车外,避免积水渗入车内。

如图2-10所示,在检查排水时,最好能找个缓坡,用很少的水便可检查排水是否通畅。首先车头朝下,应持续并缓慢地将水向水槽中倒入,切勿倒水过猛导致水从水槽内溢出。

如果在前轮附近的排水口随即便有连续的水流流出便证明排水正常,如果水槽中水下降缓慢,并且水流不通畅便说明排水管堵塞。一部分车型的天窗排水口像图2-11中2009款速腾一样在前后轮附近。

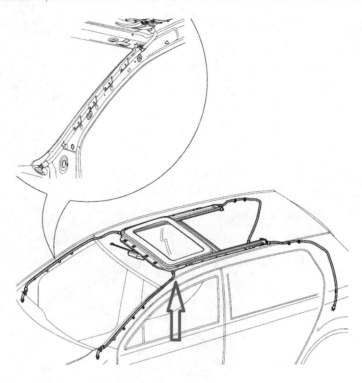

图2-9 天窗排水管路检查

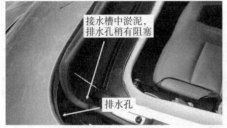

图2-10 天窗排水检查

另外有些车型天窗前排水口在前车门铰链处,比如图2-12所示的2005款宝来。其余3个排水口以此类推来检查,后排水口在后轮附近。

(10)门窗密封条是否良好、无老化的检查。

车辆门窗的密封条应该满足《车辆门窗橡胶密封条》(HG/T 3088—1999)要求,通过目测法和化学实验法检测车辆门窗密封条是否良好、无老化。

(11)安全带结构是否完整、功能是否正常的检查。

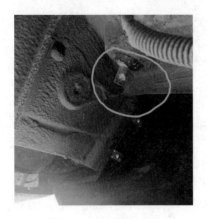

图2-11 天窗排水口检查

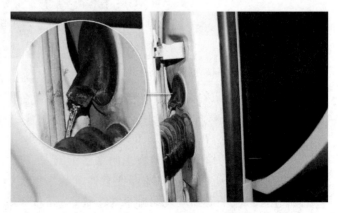

图2-12 2005款宝来天窗排水口检查

随着使用时间的增长,安全带也会老化,最主要表现是内部卷簧器老化,安全带会过松或不能及时拉紧,检查时重点关注安全带是否老化、失去紧张感等。一般安全带装置都有安全带拉力限制功能。另外还要检查搭扣上松开按钮的位置,确认这个按钮必须能够方便地触及以及轻松地打开,以便发生万一时能够解开安全带。检查是否存在自行改动或附加安全带。

安全带结构不完整或者功能不正常,则应在《二手车鉴定评估报告》或《二手车技术状况表》的技术状况缺陷描述中予以注明,并提示修复或更换前不宜使用。

(12)驻车制动系统是否灵活有效的检查。

如图 2-13 所示,驻车制动系统即我们通常俗称的手制动,检查方法:在停稳车后,用千斤顶把车后部支起,拉紧驻车制动手柄(手制动),两后轮应该全部抱死,在完全松开手制动后,两后轮应该自动解除抱死的状态,转动自如。如果在使用过程中发现驻车制动系统有异响或失灵的情况,应立即查明原因并及时排除故障。

(13)玻璃窗升降器、门窗工作是否正常的检查。

根据车辆说明书使用相关功能键,检查玻璃窗升降器、门窗工作是否正常。重点关注车窗升降过程中是否有异响、门窗是否可以开关到底,过程是否顺畅。

图 2-13 驻车制动系统检查

(14)左、右后视镜折叠装置工作是否正常的检查。

根据车辆说明书检查左、右后视镜折叠装置工作是否正常,重点关注是否可以折叠、功能键是否工作、角度是否满足要求等。

(15)其他检查。

驾驶舱内的其他缺陷状况描述,不扣分。

4)底盘检查

底盘的检查首先要使用汽车举升设备举升汽车到合适的高度,方便检查人员对车辆底盘的全面检查。

(1)发动机油底壳是否无渗漏的检查。

观察发动机油底壳是否有油渍,停车 5min 检查地面是否有油迹。

(2)变速器壳体是否无渗漏的检查。

检查变速器壳体外部及周围是否有油渍。

(3)转向节臂球销是否无松动的检查。

主要判断转向节臂球是否存在上下移动。

(4)三角臂球销是否无松动的检查。

主要判断三角臂球销是否存在上下移动。

(5)传动轴十字轴是否无松旷的检查。

主要观察传动轴、十字轴相关的螺栓、螺母是否齐全,静止状态下是否有松动。

(6)减振器是否无渗漏的检查。

检查减振器上是否有油渍。

(7)减振弹簧是否无损坏的检查。

确定减振弹簧固定连接牢靠,用手向下压行李舱,车的振动不超过3次。

(8)其他,只描述缺陷状况,不扣分。

5)功能性零部件检查

对于功能性零部件,首先要确认其结构、功能是否正常。正常的,在后面标注"√",结构、功能不正常的,在后面做详细缺陷描述;功能性零部件缺失的,在后面标注"×"。不允许留空白。功能性零部件只做缺陷描述,不扣分。

(二)动态技术状况鉴定

1. 准备工作

(1)准备车辆:一台准备交易的二手车。

(2)准备工具:常用工具(一套)、汽车专用万用表、汽车故障解码器等。

2. 实训过程

1)起动检查

(1)车辆起动是否顺畅。

车辆起动是否顺畅,判别的标准为起动时间小于5s,或者一次起动。

(2)仪表板指示灯显示是否正常,无故障报警。

仪表板指示灯及说明如图2-14、图2-15所示。

(3)各类灯光和调节功能是否正常。

这里的各类灯光包括夜行示宽灯、转向灯、制动灯、警告灯(双闪)、雾灯、夜行照明灯(分为远光和近光两种)、日间行车灯等,根据各种灯光的功能键进行调节,判断是否可以正常显示。

(4)泊车辅助系统工作是否正常。

首先要判断车辆是否有泊车辅助系统(俗称倒车雷达或影像),根据车辆说明书判断在倒车过程中是否可以正常显示并在合理范围内正常报警。

(5)制动防抱死系统(ABS)工作是否正常。

最直观的方法是在行驶中(时速50km/h左右)猛踩制动将制动踏板踩到底,检查踏板是否有弹脚的感觉;另外,ABS指示灯常亮,一般会导致ABS泵损坏。一般通过以上两点判断即可。

(6)空调系统风量、方向调节、分区控制、自动控制、制冷工作是否正常。

判断方法是打开空调开关,根据车辆说明书通过各功能键调节风量、方向和温度,可以把手放在出风口处感觉风量大小、温度高低。

(7)发动机在冷、热车状态下怠速运转是否稳定。

一般装有"急速加速泵"和"三元催化器"的发动机都存在冷车怠速高(转速在1000r/min以上)、热车怠速低(转速在800r/min左右)的情况,在不同状态下检查发动机怠速转速是否稳定。

模块二 二手车技术状况鉴定

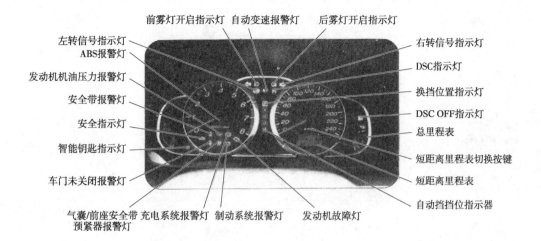

图 2-14 仪表指示灯

驻车制动指示灯	该指示灯用来显示车辆驻车制动的状态，平时为熄灭状态。当驻车制动手柄被拉起后，该指示灯自动点亮。驻车制动手柄被放下时，该指示灯自动熄灭。有的车型在行驶中未放下驻车制动手柄会伴随有警告音	蓄电池指示灯	该指示灯用来显示蓄电池使用状态。转动钥匙，车辆开始自检时，该指示灯点亮。起动后自动熄灭。如果启动后蓄电池指示灯常亮，说明该蓄电池出现了使用问题，需要更换
制动盘指示灯	该指示灯用来显示车辆制动盘磨损的状况。一般该指示灯为熄灭状态，当制动盘出现故障或磨损过度时，该灯点亮，修复后熄灭	机油指示灯	该指示灯用来显示发动机内机油的压力状况。转动钥匙，车辆自检时，指示灯点亮，起动后熄灭。该指示灯常亮，说明该车发动机机油压力低于规定标准，需要维修
水温指示灯	该指示灯用来显示发动机内冷却液的温度，转动钥匙，车辆自检时，会点亮数秒后熄灭。水温指示灯常亮，说明冷却液温度超过规定值，需立刻暂停行驶。水温正常后熄灭	气囊指示灯	该指示灯用来显示安全气囊的工作状态，当转动钥匙，车辆开始自检时，该指示灯自动点亮数秒后熄灭，如果常亮，则安全气囊出现故障
ABS指示灯	该指示灯用来显示ABS工作状况。当转动钥匙，车辆自检时，ABS灯会点亮数秒，随后熄灭。如果未闪亮或者起动后仍不熄灭，表明ABS出现故障	发动机自检灯	该指示灯用来显示车辆发动机的工作状况，当转动钥匙，车辆自检时，该指示灯点亮后自动熄灭，如常亮则说明车辆的发动机出现了机械故障，需要维修

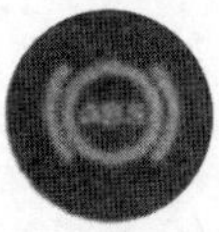

图 2-15

 燃油指示灯	该指示灯用来显示车辆内储油量的多少。当转动钥匙,车辆进行自检时,该油量指示灯会短时间点亮,随后熄灭。如起动后该指示灯点亮,则说明车内油量已不足	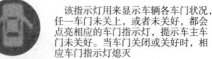 车门指示灯	该指示灯用来显示车辆各车门状况,任一车门未关上,或者未关好,都会点亮相应的车门指示灯,提示车主车门未关好。当车门关闭或关好时,相应车门指示灯熄灭
 清洗液指示灯	该指示灯是用来显示车辆所装玻璃清洁液的多少,平时为熄灭状态,该指示灯点亮时,说明车辆所装载玻璃清洁液已不足,需添加玻璃清洁液。添加玻璃清洁液后指示灯熄灭	 电子油门灯	常见于大众品牌车型中。转动钥匙,车辆开始自检时,EPC灯会点亮数秒,随后熄灭。如车辆起动后仍不熄灭,说明车辆机械与电子系统出现故障
  雾灯指示灯	该指示灯用来显示前后雾灯的工作状况,当前后雾灯点亮时,该指示灯相应的标志就会点亮。关闭雾灯后,相应的指示灯熄灭	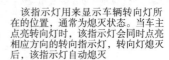 转向指示灯	该指示灯用来显示车辆转向灯所在的位置,通常为熄灭状态。当车主点亮转向灯时,该指示灯会同时点亮相应方向的转向指示灯,转向灯关后,该指示灯自动熄灭
 远光指示灯	该指示灯是来显示车辆远光灯的状态,通常情况下该指示灯为熄灭状态。当车主点亮远光灯时,该指示灯会同时点亮,以提示车主车辆的远光灯处于开启状态	 安全带指示灯	该指示灯用来显示安全带是否处于锁止状态。当该指示灯点亮时,说明安全带没有及时扣紧,有些车型会有相应的提示音。当安全带被扣紧后,该指示灯自动熄灭
 O/D挡指示灯	该指示灯用来显示自动挡的O/D挡(Over-Drive)超速挡的工作状态,当O/D挡指示灯闪亮,说明O/D挡已锁止。此时加速能力获得提升,但会增加油耗	 内循环指示灯	该指示灯用来显示车辆空调系统的工作状态,平时为熄灭状态。当点亮内循环按钮,车辆关闭外循环,空调系统进入内循环状态时,该指示灯自动点亮。内循环关闭时熄灭
 示宽指示灯	该指示灯用来显示车辆示宽灯的工作状态,平时为熄灭状态,当示宽灯打开时,该指示灯随即点亮。当示宽关闭或者关闭示宽灯打开大灯时,该指示灯自动熄灭	 VSC指示灯	该指示灯用来显示车辆VSC(电子车身稳定系统)的工作状态,多出现在日系车上。当该指示灯点亮时,说明VSC系统已被关闭
 TCS指示灯	该指示灯用来显示车辆TCS(牵引力控制系统)的工作状态,多出现在日系车上。当该指示灯点亮时,说明TCS系统已被关闭		

图 2-15　仪表指示灯说明二

(8)怠速运转时发动机是否无异响;空挡状态下逐渐增加发动机转速,发动机声音过渡是否无异响。

发动机的异响主要判断是否存在金属撞击或者摩擦声音,逐渐增加发动机转速过程要缓慢,根据以上情况判断。

(9)车辆排气是否无异常。

发动机正常工作时,排气管排出的烟无色或呈淡灰色。如排出黑烟、蓝烟或白烟均属不正常。

如果发动机技术状况良好,汽缸内的混合气体能够充分燃烧,汽油发动机排出的废气应该是无色的。在冬季能够看到白色的水汽,柴油机小负荷工作时排出的气体一般是淡灰色的,当负荷较大时,排出的气体为深灰色。无论是汽油机还是柴油机通常有三种非正常的排气颜色:如果排气颜色呈蓝色,说明机油窜入了燃烧室,最常见的原因是活塞和活塞环与汽缸磨损严重导致间隙过大、气门油封老化失效、涡轮增压器损坏;如果排气管冒黑烟,说明混合气过浓,可能原因有点火时刻过迟,某只火花塞不工作,高压油泵或喷油器损坏,冷却液温度传感器、进气压力传感器或空气流量计等传感器故障;如果排气管冒白烟,可能是汽缸垫损坏或者汽缸体有裂缝等原因造成冷却液进入汽缸。特别注意的是,在寒冷潮湿环境下,发动机热机过程中也可能会看到排气管冒白烟,这是凝结在排气管内的水受热蒸发造成的,切不可误认为是发动机有故障。

(10)驻车制动系统功能是否正常。

驻车制动系统是独立控制的制动系统,通常采用机械力操纵,主要的零部件包括驻车制动操纵杆或者驻车制动踏板(脚踏式)、驻车制动器、拉杆(索)、警告灯开关及警告灯。其作用是使汽车停放可靠,便于在坡道上起步,并可在行车制动器失效后应急制动或配合行车制动器进行紧急制动。根据以上阐述检查驻车制动系统结构和主要零部件是否完整。本部分缺陷只做状态描述,不扣分(注:标准中无此项目)。

(11)起动环节的其他缺陷状况描述,不扣分。

2)路试状况检查

发动机运转、加速是否正常的检查。

(1)平稳踩住加速踏板,从 0km/h 加速到 60km/h,观察发动机转速与车速间的变化。

(2)车辆起动前踩下制动踏板,保持 5~10s,踏板无向下移动的现象。

(3)踩住制动踏板起动发动机,踏板是否向下移动。

制动踏板在车辆起动前后运行的工作状态。根据检查项目的要求,车辆在起动前踩下制动踏板,保持 5~10s,踏板有无向下移动的现象;踩住制动踏板起动发动机,踏板是否有向下移动的现象。

(4)行车制动系最大制动效能在踏板全行程的 4/5 以内达到。

确保在踩下制动踏板 4/5 行程时,车辆完全可以停下来。

(5)车辆行驶中无跑偏的检查。

车辆直道行驶时,车速保持在 40 km/h,将双手短暂放离转向盘,观察车辆是否存在跑偏的情况。

(6)制动系统工作是否正常有效、制动不跑偏的检查。

检查流程:选择空旷场地,车辆正常行驶,紧急制动。

检查方法:正常行驶状态下,踩下制动踏板,观察行车制动系统最大制动效能是否在踏板全行程的 4/5 以内达到,在大约 40 km/h 车速时,使用紧急制动,测试车辆的制动距离、

ABS 工作状态,以及是否存在制动跑偏的问题。

注:如发现制动系统出现制动距离长、跑偏等不正常现象,则应在《二手车鉴定评估报告》或《二手车技术状况表》的技术缺陷描述中予以注明,并提示修复前不宜使用(见作业表中加粗项目)。

(7)变速器工作是否正常、无异响的检查。

使用急加速的方法,自动挡提速到 60 km/h,手动挡车顺序挂挡后提速到 60km/h,自动挡车加速过程中观察换挡时发动机转速、换挡冲击程度、有无缺挡、无法进挡等情况,手动挡车加速过程中有无进挡困难、挡位不清等现象,如其中任何一项有问题则提示变速器有可能存在故障。

(8)行驶过程中车辆底盘部位是否无异响的检查。

匀速驾驶车辆,聆听底盘声音是否正常。

(9)行驶过程中车辆转向系统是否无异响的检查。

保持 5km/h 左右的车速,将转向盘转向一侧极限后测试转向机构工作状态,然后换另一个方向做同样的测试,观察车头有无异响,转向盘有无振动、抖动等现象,若有异常则提示转向机构有可能存在故障。

(10)路试其他状况只描述缺陷,不扣分。

模块小结

(1)VIN 码由三部分组成:第一部分,世界制造厂识别代号(WMI);第二部分,车辆说明部分(VDS);第三部分,车辆指示部分(VIS)。

(2)VIN 码是由 17 位字母、数字组成的编码,又称 17 位识别代码。

(3)车辆识别代号经过排列组合,可以使同一车型的车在 30 年之内不会发生重号现象,具有对车辆的唯一识别性,因此也可以将它称为"汽车身份证"。

(4)汽车产品型号由汉语拼音字母和阿拉伯数字组成,汽车产品型号表明汽车的厂牌、类型和主要特征参数等。

(5)汽车标牌安置在汽车相关部位,对汽车出厂时间、汽车基本性能和相关信息用文字或字母进行记录。它方便使用者和相关工作人员掌握车辆的各类相关信息。

(6)二手车技术状况鉴定就是对车辆技术状况进行缺陷描述、等级评定。

(7)静态技术状况鉴定就是汽车处于静止状态,鉴定评估人员根据自身的经验和技能,辅之以简单的工量具,对车辆技术状况进行直观检查和鉴定。

(8)静态技术状况鉴定包括车身外观、发动机舱、驾驶舱、底盘四个项目。

(9)动态技术状况鉴定就是汽车处于运动状态或者发动机运转时,鉴定评估人员根据自身的经验和技能,辅之以简单的工量具,对车辆技术状况进行定性和定量的直观检查和鉴定。

(10)动态技术状况鉴定包括起动和路试两个项目。

(11)二手车技术等级判定就是根据二手车技术状况鉴定分值确定二手车的技术等级的过程。

思考与练习

1. 简述我国汽车产品型号编写规则。
2. 简述 VIN 码各部分的含义。
3. 如何判别事故车？
4. 静态技术状况鉴定项目有哪些？
5. 动态技术状况鉴定项目有哪些？
6. 二手车技术状况等级如何划分？

模块三　二手车价值评估

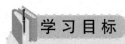

1. 能用现行市价法对二手车进行价值评估；
2. 能用重置成本法对二手车进行价值评估；
3. 能正确撰写二手车鉴定评估报告；
4. 能正确归档二手车资料。

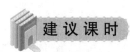

8 课时。

一、价值评估方法选取

长期以来，我国二手车的鉴定评估一直沿用国内贸易部《旧机动车交易管理办法》和《国有资产评估管理办法》的相关方法进行。由于在汽车进入普通百姓家以前，我国较早的汽车基本上都是国有或集体资产，归在固定资产中机器设备的类别中进行管理，所以同其他资产评估一样，一直按照资产评估的理论，进行二手车鉴定估价，通常采用四种基本方法，即现行市价法、收益现值法、清算价格法和重置成本法。

目前我国的私家车保有量越来越高，二手车置换、二手车交易越来越普遍，为适应这种变化，《二手车鉴定评估技术规范》(GB/T 30323—2013) 简化了二手车价值评估的基本方法，规定以后的二手车价值评估主要采用现行市价法和重置成本法两种。

理论上讲，重置成本法也是一种比较方法。它是将被评估车辆与全新车辆进行比较的过程，而且，这里的比较更侧重于性能方面。比如，评估一辆二手车时，首先要考虑重新购置一台全新车辆时需花费的成本，同时还需进一步考虑二手车的陈旧状况和功能、技术情况。只有当这一系列因素充分考虑周到后，才可能给二手车估价。而上述过程都涉及与全新车辆的比较，否则就无法确定二手车的价值。与重置成本法比较，现行市价法的出发点更多地表现在价格上。由于现行市价法比较侧重价格分析，因此对现行市价法的运用便十分强调市场化程度，如果市场很活跃，参照车辆很容易取得，那么运用现行市价法所取得的结论就会更可靠。现行市价法的这种比较性，相对于重置成本法而言，其条件更为广泛。运用重置成本法时,也许只需有一个或几个类似的参照车辆即可。但是运用现行市价法时,必须有更多的市场数据。如果只取某一数据作比较,那么现行市价法所作的结论将肯定受到怀疑。

采用现行市价法的优点是能够客观地反映车辆目前的市场情况,其评估参数指标直接从市场上获得,评估价值能反映市场的现实价格,评估结果易于被各方面理解和接受。随着我国二手车交易市场的不断发展和完善,加上互联网、大数据的助力,寻找参照车辆已经变得比较容易,所以现行市价法成为目前最常用的二手车评估方法。

采用重置成本法的优点是比较充分地考虑了车辆的损耗,评估结果更趋于公平合理,在不易计算车辆未来收益或者难以取得市场参照车辆的条件下,可广泛使用。采用重置成本法的缺点是工作量较大,且经济性损耗不易准确计算。

估值方法选用原则:

(1)一般情况下,推荐选用现行市价法;在无参照物、无法使用现行市价法的情况下,选用重置成本法。

(2)根据车辆有关情况,确立估值方法,并对车辆价值进行估算。

(一)现行市价法

1. 现行市价法定义

现行市价法又称市价法、市场价格比较法和销售对比法,是根据车辆技术状况,通过比较被评估车辆与最近出售类似车辆的异同,并将类似车辆市场价格进行调整,从而确定被评估车辆价值的一种评估方法。

现行市价法是资产评估学的三大基本方法(市场法、成本法、收益法)之一。

从理论上讲,市场价格是假定在一个公开竞争的市场价格上的协商价格,是买卖双方在某一时间都认可的价格。买卖双方都有了解其他市场的机会,也都有时间为鉴定做准备。因此,市场价值能够被认可。

2. 现行市价法基本原理

通过市场调查,选择一个或几个与被评估车辆相同或类似的车辆作为参照车辆,分析参照车辆原有结构、配置、功能、性能、新旧程度、地区差别、交易条件及成交价格等,并与被评估车辆一一比对,找出两者之间的差别以及这种差别反映在价格上的差额,进行适当的调整后,计算出被评估二手车的评估价值。

现行市价法是最直接、最简单、最具有说服力的一种评估方法,也是二手车价格评估活动中最常用的方法之一。

3. 现行市价法运用方法

(1)评估价值为相同车型、配置和相同技术状况鉴定检测分值的车辆近期的交易价格。

(2)如无参照,可从本区域本月内的交易记录中调取相同车型、相近分值,或从相邻区域的成交记录中调取相同车型、相近分值的成交价格,并结合车辆技术状况鉴定分值加以修正。

4. 现行市价法应用前提

运用现行市价法对车辆进行价值评估必须具备以下两个前提条件。

(1)市场条件。

需要有一个成熟的、活跃的、公平的二手车交易市场,即二手车交易公开市场。在这个市场上有众多的卖者和买者,有充分的参照车辆可供选取,可以有效排除交易的偶然性。已成交的车辆价格足以准确反映当前此类车辆的市场交易行情,评估结果会更加公平、公正,易于被买卖双方接受。

(2)参照物。

评估中所参照的车辆与被评估的车辆有可比较的指标,并且这些指标、技术参数的资料可被收集到,且价值影响因素明确、可以量化。

运用现行市价法最重要的是能够找到与被评估车辆相同或类似的参照车辆,并且参照物是近期的,可比较的,价值影响因素明确,可以量化。所谓近期,即指参照物交易时间与车辆评估基准日相差时间相近,一般在一个季度之内。所谓可比,即指车辆在规格、型号、功能、性能、内部结构、新旧程度及交易条件等方面不相上下。还有选择参照物的数量,按照市价法的通常做法,参照物一般要在三个以上。因为运用市价法进行二手车价格评估,二手车的价位高低在很大程度上取决于参照物成交价格水平。而参照物成交价不仅仅是参照物自身价值的体现,还要受买卖双方交易地位、交易动机、交易时限等因素影响,因此,在评估中除了要求参照物与评估对象在功能、交易条件和成交时间上有可比性外,还要考虑参照物的数量。但与被评估车辆完全相同的参照车辆是很难找到的,这就要求对类似参照车辆进行调整。有关调整的指标、技术参数能否被充分获取,是决定现行市价法是否可以采用的关键。

5. 现行市价法特点

用现行市价法得到的评估值能够客观反映二手车目前的市场情况,其评估的参数、指标直接从市场获得,评估值能反映市场现实价格。因此,评估结果易于被各方面理解和接受。这种方法的不足是需要以公开及活跃的市场作为基础,有时寻找参照对象困难,可比因素多而复杂,即使是同一个生产厂家生产的同一型号的产品,同一天登记,由于被不同的车主使用,它的使用强度、使用条件、维修水平不同,其实体损耗、新旧程度也都各不相同。

6. 现行市价法计算方法

运用现行市价法确定单台二手车的价值通常采用直接法和类比法。

(1)直接法。

直接法是指市场上能找到与被评估车辆完全相同的车辆的成交价,并以此价格直接作为被评估车辆评估价值的一种方法。所谓完全相同的车辆是指型号、使用条件和技术状况相同,生产日期和交易时间相近的二手车。通常认为,如果参照车辆与被评估车辆类别相同、主参数相同、结构性能相同,只是生产序号不同和有局部改动且交易时间相近的车辆就可以作为参照车辆。此参照车辆的市场价格可以直接作为被评估车辆的评估价值。

评估公式为:

$$P = P' \qquad (3\text{-}1)$$

式中:P——评估价值;

P'——参照车辆的市场价格。

(2)类比法。

类比法是指在公开市场上找不到与被评估车辆完全相同的车辆,但能找到与之相类似的车辆,那么以此车辆为参照物,根据该车辆技术状况和交易条件的差异对评估价格做出相应调整,进而确定被评估车辆价值的评估方法。所选参照物的交易时间与被评估车辆的评估基准日越接近越好。

其基本计算公式为:

$$P = P' + P_1 - P_2 \tag{3-2}$$

或

$$P = P' \cdot K \tag{3-3}$$

式中:P——评估价值;

P'——参照车辆的市场价格;

P_1——评估对象比参照车辆优异的价格差额;

P_2——参照车辆比评估对象优异的价格差额;

K——差异调整系数。

7. 现行市价法评估步骤

(1) 鉴定评估车辆。

收集被评估车辆的资料,包括车辆的类别、名称、型号等,了解车辆的用途、目前的使用情况,并对车辆的性能、新旧程度等做必要的技术鉴定,以获得被评估车辆的主要参数,为市场数据资料的搜集及参照车辆的选择提供依据。

(2) 选取参照车辆。

根据评估的特定目的,待评车辆的有关参数,按照可比性原则选取参照车辆。参照车辆的选择一般应在两个以上。车辆的可比性因素主要包括:

①车辆型号。采用现行市价法评估所选定的类比车辆的型号应当一致。

②车辆制造厂家。采用现行市价法评估所选定的类比车辆应是同一车辆制造厂家生产的产品。

③车辆来源。采用现行市价法评估所选定的类比车辆来源应当相似。例如同属于私用、公务、商务或是营运出租车辆。

④车辆使用年限、行驶里程数。采用现行市价法评估所选定的类比车辆的使用年限、行驶里程数应当类似。

⑤车辆实际技术状况。采用现行市价法评估所选定的类比车辆的实际技术状况应当类似。

⑥市场状况。采用现行市价法评估所选定的类比车辆所处的市场状况应当类似。例如处于衰退萧条或是复苏繁荣,供求关系是买方市场还是卖方市场。

⑦交易动机和目的。车辆出售是以清偿为目的或是以淘汰转让为目的,买方是获利转手倒卖或是购后自用。不同情况交易作价往往有较大的差别。

⑧车辆所处的地理位置。不同地区的交易市场,同样车辆的价格有较大的差别。

⑨成交数量。单台交易与成批交易的价格会有一定差别。

⑩成交时间。应尽量采用近期成交的车辆作类比对象。由于市场随时间的变化,往往受通货膨胀及市场供求关系变化的影响,价格波动很大。

按以上可比性因素选择参照对象,一般要选择与被评估对象相同或相似的三个以上的交易案例。找不到多台可类比的对象时,应按上述可比性因素,仔细分析选定的类比对象是否具有一定的代表性,要认定其成交价的合理性,才能作为参照车辆。

(3) 量化调整。

对被评估车辆和参照车辆之间的差异进行比较、量化和调整综合被评估车辆与参照车辆之间的各种可比性因素,对其作用程度加以确定,并尽可能地予以量化、调整。

① 销售时间差异的量化。

在选择参照车辆时,应尽可能地选择在评估基准日成交的案例,以免去销售时间差异的量化步骤。若参照车辆的交易时间在评估基准日之前,可采用指数调整法将销售时间差异量化并予以调整。

② 结构性能差异的量化。

汽车型号及结构上的差别都会集中反映到汽车间的功能和性能差异上,功能和性能的差异可通过功能、性能对汽车的价格影响进行估算。

$$量化调整值 = 结构性能差异值 \times 成新率 \tag{3-4}$$

例如,同类型的汽油车,电喷发动机相对于化油器发动机要贵3000~5000元。自动挡比手动挡要贵1万~2万元。对营运性汽车而言主要表现为生产能力、生产效率和运营成本等方面的差异,可利用收益现值法对其进行量化调整。

③ 新旧程度差异的量化。

被评估车辆与参照车辆在新旧程度上不一定会完全一致,参照车辆也未必是全新汽车,这就要求评估人员对被评估车辆与参照车辆的新旧程度做出基本判断,取得被评估车辆和参照车辆成新率后,以参照车辆的价格乘以被评估车辆与参照车辆成新率之差即可得到两个汽车新旧程度的差异量:

$$新旧程度差异量 = 参照车辆价格 \times (被评估机动车成新率 - 参照车辆成新率) \tag{3-5}$$

④ 销售数量差异的量化。

当被评估二手车是成批量时,以单个二手车作为参照车辆是不恰当的。而当被评估二手车是单件时,以成批二手车作为参照车辆也是不合适的。销售数量的不同会造成成交价格的差异,必须对此差异进行分析,适当调整被评估二手车的价值。

⑤ 付款方式差异的量化。

在二手车交易中,绝大多数为现款交易。在我国一些经济较活跃的地区已出现了二手车的银行按揭销售。银行按揭的二手车与一次性付款的二手车的价格差异由两部分组成,一是银行的贷款利息,贷款利息按贷款年限确定;二是汽车按揭保险费,各保险公司的汽车按揭保险费率不完全相同,会有一些差异。找出主要差异后,对其作用程度要加以确定且予以量化,并做出相应的调整。

(4) 求出被评估车辆价值。

对上述各差异因素量化值进行汇总,求出车辆的评估值。以数学表达式表示为:

$$被评估车辆的价值 = 参照物现行市价 \pm \sum 差异量 \tag{3-6}$$

$$被评估车辆的价值 = 参照物现行市价 \times 差异调整系数 \tag{3-7}$$

用现行市价法评估应该说已包含了被评估车辆的各种贬值因素,包括实体贬值、功能性贬值和经济性贬值,这是因为市场价格是车辆各种因素的综合反映,车辆的有形损耗及功能陈旧而造成的贬值,自然会在市场价格中体现出来,而经济性贬值则反映了社会上各类资产综合的经济性贬值大小,突出表现为供求关系的变化对市场价格的影响,因而用现行市价法评估可以不再专门计算功能性贬值和经济性贬值。正是由于经济性贬值和功能性贬值虽然客观存在,但又常常无法计算,所以推荐采用现行市价法评估车辆的价值,这样就可以省去计算功能性贬值和经济性贬值的麻烦。国外的评估机构同样也是优先选用现行市价法评估车辆价值。

在我国中等以上城市,特别是经济较为发达的地区和城市,一般情况下,每年成交的各种二手车少则几万辆,多则几十万辆甚至上百万辆,这就为现行市价法的应用奠定了良好的市场基础。虽然我国的汽车生产厂家较多,各种品牌林立,规格品种繁杂,但由于近几年来市场交易活跃,特别是各个城市有较多的经纪公司、置换公司并逐渐形成了各自的主营品牌,大部分车型都能找到交易案例,所以各评估机构和评估人员应注意不断收集各种品牌、车型的成交案例资料存档,从中找出各种评估对象的参照车辆,会起到事半功倍的效果。

(二)重置成本法

1. 重置成本定义

重置成本法是从二手车购买者的角度出发,认为二手车的现时市场价格不应高于购买市场上同型号车型付出的最低成本。重置成本法是指以评估基准日的当前条件下重新购置一辆全新状态的被评估车辆所需的全部成本(完全重置成本,简称重置全价),减去该被评估车辆的实体性贬值、功能性贬值和经济性贬值后的差额作为被评估车辆现时价值的一种评估方法。

重置成本法的概念中涉及四个基本要素,即二手车的重置成本、二手车实体性贬值、二手车功能性贬值、二手车经济性贬值。

(1)重置成本是购买一辆全新的与被评估二手车相同的车辆所支付的最低金额。重置成本有复原重置成本和更新重置成本之分。复原重置成本指用与被评估二手车相同的材料、制造标准、设计结构和技术条件等,以现时价格复原购置相同的全新车辆所需的全部成本。更新重置成本指利用新型材料、新技术标准、新设计等,以现时价格购置相同或相似功能的全新车辆所支付的全部成本。在进行重置成本计算时,应选用更新重置成本;如果不存在更新重置成本,则再考虑用复原重置成本。

(2)实体性贬值也叫有形损耗,是指二手车在使用和存放过程中,由于物理和化学原因而导致的二手车实体发生的价值损耗;车辆在使用过程中,由于零部件发生摩擦、冲击、振动、腐蚀、疲劳和日照老化等原因产生的实物形态上的损耗和技术性能上的劣化;车辆在存放过程中,在自然力的作用下车辆产生腐蚀、老化或由于缺乏必要的维护而使其性能下降和工作能力的丧失。实际上这种有形损耗从车辆制造出厂就一直存在。

(3)功能性贬值是由于科学技术的发展导致的二手车贬值,是一种无形损耗。功能性贬值分为一次性功能贬值和营运性功能贬值。一次性功能贬值是由于技术进步引起劳动生产率的提高,现在再生产制造与原功能相同车辆的社会必要劳动时间减少,成本降低而造成原车辆价值的贬值。具体表现为原车辆价值中有一个超额投资成本将不被社会承认。营运性功能贬值是由于技术进步,出现了新的、性能更优的车辆,致使原有车辆的功能相对新车型已经落后而引起其价值贬值。具体表现为原有车辆在完成相同工作任务的前提下,在燃料、人力、配件材料等方面的消耗增加,形成了一部分超额的运营成本。通常在评估计算中采用了新车价格就认为是包含了一次性功能贬值。

(4)经济性贬值是指由于外部经济环境变化所造成的二手车贬值,也是一种无形损耗。外部经济环境包括宏观经济政策、市场需求、通货膨胀、环境保护等。外部因素对二手车价格的影响不仅是客观存在的,而且对二手车价格影响还相当大,所以在二手车的评估中不可忽视。

2. 重置成本法适用前提

重置成本法是二手车鉴定评估中的一种常用方法,它适用于继续使用前提下的二手车鉴定评估。对在用车辆,可直接运用重置成本法进行评估,无须做较大的调整。目前,我国二手车交易市场尚需进一步规范和完善,运用现行市价法和收益现值法的客观条件受到一定的制约,而清算价格法仅在特定的条件下才能使用。因此,重置成本法在二手车鉴定评估中得到了广泛的应用。

重置成本法在使用中尽管工作量大,难以计算经济性贬值,但它比较充分地考虑了车辆的损耗,评估结果公平合理,在不易计算车辆未来收益或难以取得二手车交易市场参照车辆条件下可以广泛应用。

重置成本法多用于市场上不常见车型,还有一些上市新车没有参考,可以用重置成本法。

3. 重置成本法计算模型

重置成本法的计算模型有两种。

计算模型一:

$$P = B - (D_p + D_f + D_e) \tag{3-8}$$

式中:P——被评估车辆的评估价值;

B——重置成本;

D_p——实体性贬值;

D_f——功能性贬值;

D_e——经济型贬值。

采用计算模型一即式(3-8)对二手车进行评估时,除了要准确了解车辆的重置成本和实体性贬值外,还要计算车辆的功能性贬值和经济性贬值,而这两种贬值的计算要求评估人员对未来影响二手车的运营成本、收益乃至经济使用寿命有较为准确的把握,所以应用起来比较困难,可操作性较差,故很少使用。

为了方便计算二手车的现实价值,也可以先将被评估车辆与其全新状态相比,测算出其成新率进行评估。

计算模型二:

$$P = B \cdot C \tag{3-9}$$

或:

$$P = B \cdot C \cdot K \cdot \varphi \tag{3-10}$$

式中:P——被评估车辆的评估价值;

B——重置成本;

C——成新率;

K——综合调整系数;

φ——二手车变现系数。

成新率是反映二手车新旧程度的指标。二手车成新率是表示二手车的功能或使用价值占全新机动车的功能或使用价值的比率,也可以理解为二手车的现时状态与机动车全新状态的比率。

设置综合调整系数是为了消除二手车的现实技术状况对成新率的影响。

设置二手车变现系数是为了消除市场微观经济环境和政府宏观经济政策对成新率的影响。

式(3-9)适用于整车观察法和部件鉴定法(技术鉴定法)计算成新率。

式(3-10)适用于使用年限法和行驶里程法计算成新率。

式(3-9)和式(3-10)中成新率的确定是综合了二手车各种贬值的结果,具有信息收集便捷、操作简单易行、评估理论更加贴近车辆实际状况、容易被交易双方接受等优点,故应用广泛。

2013年12月31日,国家质检总局、国家标准委正式发布了由中国汽车流通协会起草的国家标准《二手车鉴定评估技术规范》(GB/T 30323—2013),并于2014年6月1日起实施。该规范在参考了国外二手车鉴定评估有关法规与行业标准的主要思路与方法的基础上,提出了以车辆技术鉴定为基础评估二手车现实价值的重置成本法计算公式为:

$$W = R \cdot e \tag{3-11}$$

式中:W——车辆评估价值;

R——更新重置成本(相同型号、配置的新车在评估基准日的市场零售价格);

e——综合成新率。

按照该规范规定,若使用重置成本法,需要确定技术鉴定成新率。技术鉴定成新率是指评估人员在对二手车辆进行技术观察和技术检测的基础上,判定二手车的技术状况,再加以评分来确定成新率的方法。其计算公式为:

$$t = \frac{X}{100} \tag{3-12}$$

式中:t——技术鉴定成新率;

X——技术状况鉴定分值。

车辆技术状况鉴定由车身外观检查、发动机舱检查、驾驶舱检查、底盘检查、车辆功能性零部件检查、起动检查、路试检查等7个项目组成,各项目对应的分值分别为20分、20分、10分、15分、0分、20分、15分,总分100分。车辆技术状况鉴定分值为各项目分值之和。技术状况鉴定完成后,要填写《二手车鉴定评估作业表》。

采用"规范"中的重置成本法计算二手车综合成新率的公式为:

$$e = y \cdot \alpha + t \cdot \beta \tag{3-13}$$

式中:e——综合成新率;

y——年限成新率;

α——年限成新率系数;

t——技术鉴定成新率;

β——技术鉴定成新率系数。

$y \cdot \alpha$ 相当于实体性陈旧贬值与功能性陈旧贬值后,车辆剩余的价值率;

$t \cdot \beta$ 相当于经济性陈旧贬值后,车辆剩余的价值率。

其中:$\alpha + \beta = 1$

该规范中的年限成新率计算公式为:

$$y = \frac{N}{n} \quad (3-14)$$

式中:y——年限成新率;

N——预计车辆剩余使用年限;

n——车辆使用年限(非营运乘用车使用年限15年,超过15年的按实际年限计算;营运车辆、有使用年限规定的车辆按实际要求计算)。

对于已使用年限超过15年的乘用车,车辆使用年限按实际年限计算,其年限成新率的经验公式为:

$$y = \frac{1}{n+1} \quad (3-15)$$

从评估实践来看,该规范中的重置成本法只适用于具有承载式车身的乘用车。

4. 重置成本计算

在资产评估学中,重置成本的计算方法主要有加合分析法、功能系数法、物价指数法和统计分析法。在二手车鉴定评估活动中,一般采用加合分析法和物价指数法计算重置成本。

1) 加合分析法

加合分析法也称为直接法或重置核算法,是将车辆按其成本构成分为若干部分,以现行市价为标准,先确定各组成部分的现时价格,然后相加得出被评估车辆重置全价的一种评估方法。

(1) 国产车重置成本的构成。

二手车的重置成本构成计算方法如下:

$$B = B_1 + B_2 \quad (3-16)$$

式中:B——车辆重置成本;

B_1——购置全新车辆的市场成交价;

B_2——车辆购置价格以外国家和地方政府一次性缴纳的税费总和,如车辆购置附加税、注册税(牌照费)等。

重置成本构成不应包括车辆拥有阶段和使用阶段的税和费。如车辆拥有阶段的年审费、车船使用税、车辆使用阶段的保险费、过路过桥费等。

假设一款发票价为11300元的国产车型,消费者需要缴纳的车辆购置税的税额为:

车辆购置税应纳税额 = 11.3 ÷ (1 + 13%) × 10% = 1(万元)

重置成本 = 购置全新车辆的市场成交价 + 车辆购置税应纳税额

= 11.3 + 1

= 12.3(万元)

(2) 进口车重置成本的构成。

根据海关税则和收费标准,进口轿车的重置成本(即现行价格)由报关价、关税、消费税、增值税和其他费用组成。

①报关价。报关价亦即到岸价,又称 CIF 价格,它与离岸价 FOB 的关系是:

$$\text{CIF 价格} = \text{FOB 价格} + \text{途中保险费} + \text{国外运杂费} \tag{3-17}$$

由于式中的各种费用都是以外汇支付的,因此在计算时需要将报关价格换算成人民币,外汇汇率则采用评估基准日的外汇汇率进行计算。

②关税。关税的计算公式如下:

$$\text{关税} = \text{报关价} \times \text{关税税率} \tag{3-18}$$

目前进口车的关税均为 15%。

③消费税。消费税的计算公式如下:

$$\text{消费税} = \frac{\text{报关价} + \text{关税}}{1 - \text{消费税率}} \times \text{消费税率} \tag{3-19}$$

进口车按其排气量 L 不同,分别征收 1% ~ 40% 不等的消费税,见表 3-1。

进口车消费税率表　　　　　　　　表 3-1

序号	排气量 L(L)	消费税率	序号	排气量 L(L)	消费税率
1	$L \leq 1.0$	1%	5	$2.5 < L \leq 3.0$	12%
2	$1.0 < L \leq 1.5$	3%	6	$3.0 < L \leq 4.0$	25%
3	$1.5 < L \leq 2.0$	5%	7	$4.0 < L$	40%
4	$2.0 < L \leq 2.5$	9%			

④增值税。增值税的计算公式如下:

$$\text{增值税} = (\text{报关价} + \text{关税} + \text{消费税}) \times \text{增值税率} \tag{3-20}$$

目前各种进口汽车的增值税率均为 13%。

⑤其他费用。除上述费用以外,进口车的价格还包括通关、商检、运输、银行、选装件价格、经销商费用、进口许可证使用费等非关税措施造成的费用。

下面以一辆从德国进口的 4.4L 排量的宝马 X6 为例计算其重置成本。假设这款车到岸价格是 50 万元人民币,除关税、增值税和消费税外,另增加 4% 的其他费用,则该进口车的重置成本计算如下:

$$\text{关税} = \text{报关价} \times \text{关税税率} = 50 \times 15\% = 7.5(\text{万元})$$

$$\text{消费税} = \frac{\text{报关价} + \text{关税}}{1 - \text{消费税率}} \times \text{消费税率} = \frac{50 + 7.5}{1 - 40\%} \times 40\% \approx 38.3(\text{万元})$$

$$\text{增值税} = (\text{报关价} + \text{关税} + \text{消费税}) \times \text{增值税率} = (50 + 7.5 + 38.3) \times 13\%$$

$$= 12.5(\text{万元})$$

$$\text{重置成本} = (\text{报关价} + \text{关税} + \text{消费税} + \text{增值税}) \times (1 + 4\%)$$

$$= (50 + 7.5 + 38.3 + 12.5) \times (1 + 4\%)$$

$$\approx 113(\text{万元})$$

一般而言,车辆重置成本大多是依靠市场调查搜集而来的,并不需要进行十分复杂的计算。但是对于市场上尚未出现的那些新车型(特别是进口新车型)或淘汰车型,由于其价格信息有时不容易获得,这时则需要按照其重置成本的构成进行估算。

根据不同的评估目的,二手车重置成本全价的评估还要区别对待。属于所有权转让的经济行为或为司法、执法部门提供证据的鉴定行为,可将被评估车辆的现行市场成交价格作为被评估车辆的重置全价,其他费用略去不计;属于企业产权变动的经济行为,如企业合资、合作经营和合并兼并,其重置成本构成除了考虑被评估车辆现行市场购置价格外,还应考虑国家和地方政府对车辆加收的合理税费。

2)物价指数法

物价指数法也叫价格指数法,是指根据已掌握的历年来的价格指数,在二手车原始成本的基础上,通过现时物价指数确定其重置成本的方法。其计算公式为:

$$B = B_y \cdot \frac{I_1}{I_2} \tag{3-21}$$

或:

$$B = B_y \cdot (1 + \lambda)$$

式中:B——车辆重置成本;

B_y——车辆原始成本;

I_1——车辆评估时物价指数;

I_2——车辆购买时物价指数;

λ——车辆价格变动指数。

当被评估车辆已停产或是进口车辆无法找到现时市场价格时,物价指数法是一种很有用的方法,但应用时一定要先检查被评估车辆的账面购买原价。如果购买原价不准确,则不能使用物价指数法。

车辆价格变动指数是车辆价格变动趋势和速度的指标。通常选择与被评估车辆已使用年限相当且是近期五年内市场占有率为前三名的品牌车型,分别以现时购买车价与原始购买车价之比的算术平均值作为车辆价格变动指数。

车辆价格变动指数要尽可能选用有法律依据的国家统计部门或物价管理部门以及政府机关发布和提供的数据。

5. 车辆贬值的估算

1)实体性贬值的估算

二手车的实体性贬值通常可以采用观察法、使用年限法和修复费用法等三种方法进行估算。

(1)观察法。

二手车价格评估人员根据自己的专业知识和工作经验,通过对二手车实体各主要部件进行观察以及使用仪器测量等方式进行技术鉴定,并综合分析车辆的设计、制造、使用、磨损、维护、修理、改装情况和经济使用寿命等因素,从而判断被评估汽车的实体性贬值的一种方法,其数学表达式为:

$$D_p = B \cdot \eta \tag{3-22}$$

式中:D_p——车辆实体性贬值;

B——车辆重置成本;

η——有形损耗率。

(2)使用年限法。

通过确定被评估汽车已使用年限与该车辆预期可使用年限的比率来确定二手车有形损耗,其计算公式表达为:

$$D_p = B \cdot \frac{Y}{G} \tag{3-23}$$

式中:D_p——车辆实体性贬值;

B——车辆重置成本;

Y——已使用年限;

G——规定使用年限。

(3)修复费用法。

修复费用法也叫功能补偿法。通过确定被评估汽车恢复原有的技术状态和功能所需要的费用补偿,来直接确定二手车的有形损耗。

2)功能性贬值的估算

功能性贬值是指由于科学技术进步,导致汽车产品不断更新换代而引起的贬值,可分为一次性功能贬值和营运性功能贬值两种。

(1)一次性功能贬值的估算。

随着科学技术的不断发展,新材料、新工艺的不断出现,导致生产一辆全新汽车产品的成本不断降低,同样配置产品的售价随之降低,进而造成原车辆的贬值。

从理论上讲,同样车辆的复原重置成本与更新重置成本之差即是该车辆的一次性功能贬值。但在实际工作中,具体计算某车辆的复原重置成本是比较困难的,因此对目前在市场上能购买到的且有制造厂家继续生产的全新车辆,一般就用更新重置成本(市场价)考虑其一次性功能贬值。如果待评估车辆的型号是现已停产或已淘汰的车型,这样就没有实际的市场价格,只能参照车辆的价格用类比法来估算其一次性功能贬值。参照车辆一般采用替代型号的车辆。这些替代型号的车辆其功能通常比原车型有所改进和增加,故其价值通常会比原车型的价格要高(功能性贬值大时,价格也可能降低)。所以在用类比法对原车型进行价值评估时,一定要了解参照车辆在功能方面改进或提高的情况,再按其功能变化情况测定原车辆的价值。

(2)营运性功能贬值的估算。

营运性功能贬值是指由于使用了新的技术和工艺,生产出了新的、性能更加优异的车辆,降低了车辆的使用成本而引起的车辆贬值。

测定营运性功能贬值时,首先选定参照车辆,并与参照车辆进行比较,找出营运成本有差别的内容和差别的量值,然后确定原车辆尚可继续使用的年限和应上缴的所得税率及折现率,通过计算超额收益或成本降低额算出营运性功能贬值,即:

$$车辆营运性功能贬值 = 车辆年超额营运成本 \times (1 - 所得税率) \times \frac{(1+i)^n - 1}{i(1+i)^n} \tag{3-24}$$

式中:i——折现率;

n——剩余使用年限。

例:某一被评估商用车辆甲,其出厂时的燃料经济性指标为每百公里耗油量36L,平均每年维修费用为3万元,以目前新出厂的同型车辆乙为参照车辆,该车出厂时燃料经济性指标为每百公里耗油量30L,平均每年维修费用为2万元,如果甲、乙两车在营运成本的其他支出项目方面大致相同,被评估车辆尚可使用5年,每年平均出车日为300天,每日营运300km,所得税率为33%,适用的折现率为10%,试估算被评估车辆的营运性功能损耗(燃油价格取4.7元/L)。根据上述资料,对被评估车辆的功能性损耗估算如下。

① 被评估车辆每年油料的超额费用为:

$$(36-30) \times 4.7 \times \frac{300}{100} \times 300 = 25380(元)$$

② 被评估车辆每年的超额维修费用为:

$$30000 - 20000 = 10000(元)$$

③ 被评估车辆的年超额营运成本为:

$$25380 + 10000 = 35380(元)$$

④ 被评估车辆的年超额营运成本的净额为:

$$35380 \times (1-33\%) = 23704.6(元)$$

⑤ 将被评估车辆在剩余使用年限内的年超额营运成本净额折现累加,估算其功能性损耗为:

$$车辆营运性功能贬值 = 23704.6 \times \frac{(1+10\%)^5 - 1}{10\% \times (1+10\%)^5}$$
$$= 23704.6 \times 3.79$$
$$= 89840.4(元)$$

3) 车辆经济性贬值估算

二手车鉴定评估中所涉及的经济性损耗(贬值)也是无形损耗的一种,是由车辆以外的各种因素所造成的损耗(贬值)。这样的例子可以举出很多,如由于车辆排放标准要求的提高,同一车辆的排放水平在过去可能被认为是可以接受的,但现在却无法满足现行排放标准的要求。这一标准对车辆的所有者来讲就是制约,除非达到规定的要求,否则车辆就无法继续使用。因此对车辆的所有者而言,不管是采取措施力求达到标准,还是车辆被迫停用,都需花费成本,这一成本从评估的角度看便是经济损耗。概括地讲,外部因素不论多少,对车辆价值的影响无外乎表现为要么是造成营运成本上升,要么是导致车辆闲置。

对于营运车辆来讲,通常采用以下两种方式计量其经济性损耗:一种是利用车辆年收益损失额折现累加计算,另一种是通过车辆利用率的变化来估算。

(1) 利用年收益损失额折现累加计算。

如果由于外界因素变化,导致车辆营运收益的减少额或投入成本的增加额,能够估算出来,可直接按车辆继续使用期间每年的收益损失额折现累加,以求得车辆的经济性损耗。其数学式表示为:

$$车辆经济性损耗 = 车辆年收益损失额 \times (1-所得税率) \times \frac{(1+i)^n - 1}{i(1+i)^n} \quad (3-25)$$

使用上述公式应注意,年收益损失额只能根据外界因素来计量,不能把因技术落后等自身因素所造成的收益损失额归入此类。

例:某人欲出售一辆已使用了5年的出租车。由于国家行业政策及检测标准的变化,目前每年较过去平均需增加投入成本 3000 元才能满足有关的规定要求。试估算该出租车的经济性损耗。

根据国家规定,出租车的使用年限为 8 年。从购车登记日起,至该车的评估基准日止,该车已使用年限为 5 年,该车的剩余使用年限为 3 年。

取所得税率为 25%,适用的折现率为 10%,则车辆的经济性损耗:

$$车辆经济性损耗 = 3000 \times (1 - 25\%) \times \frac{(1 + 10\%)^3 - 1}{10\% \times (1 + 10\%)^3}$$

$$= 3000 \times 75\% \times 2.4869$$

$$\approx 5596(元)$$

(2)通过车辆利用率的变化估算经济性损耗。

如果由于外部因素的影响,导致车辆的利用率下降,可按照以下公式估算车辆的经济性损耗率。

$$车辆经济性损耗率 = \left[1 - \left(\frac{车辆的实际工作量}{车辆的正常工作量}\right)^x\right] \times 100\% \qquad (3-26)$$

式中:x——规模效益指数($0 < x < 1$)。

调整计算的结果,说明车辆的运输量与投入成本之间并非呈线性关系。当车辆的运输量降至正常运输量的一半时,其投入成本却不会也降至正常投入成本的一半。x 一般在 0.6~0.7。

在确定了车辆的经济性损耗率后,可按照以下公式计算车辆的经济性损耗。

车辆经济性损耗 = (重置成本 - 有形损耗 - 功能性损耗) × 经济性损耗率   (3-27)

例:由于某行业企业生产普遍不景气,工作量不足,某专用汽车的利用率仅为正常工作量的 70%。而且在该汽车的剩余使用年限内,这种情况也不会有所改变,经评估,该汽车的重置成本为 45 万元,成新率为 65%,功能性损耗可忽略不计,试估算该车辆的经济性损耗。

具体估算过程如下。

①计算车辆的经济性损耗率:

取 $x = 0.7$,则:

$$车辆的经济性损耗率 = (1 - 0.7^{0.7}) \times 100\% = 22\%$$

②扣除有形损耗和功能性损耗后的车辆价值为:

$$45 \times 65\% = 29.25(万元)$$

③车辆的经济性损耗为:

$$29.25 \times 22\% = 0.143(万元)$$

6. 成新率的计算

成新率是反映二手车新旧程度的指标。二手车成新率是表示二手车的功能或使用价值占全新机动车的功能或使用价值的比率,也可以理解为二手车的现时状态与机动车全新状态的比率。

在二手车鉴定评估实践中,重置成本法是一种最常用的方法,而成新率作为计算重置成本的一项重要指标,如何科学、准确地确定它就成为二手车评估中的重点和难点。成新率的确定不仅需要一定的客观资料和必要的检测手段,而且在很大程度上需要依靠评估人员的专业知识水平和评估经验。成新率的计算方法主要有使用年限法、整车观测法、部件鉴定法和行驶里程法等,应根据二手车的新旧程度、技术状况、价值高低等情况合理选择。

1)使用年限法确定成新率

使用年限法确定成新率可以分为以下几种方法:等速折旧法、年份数求和法和双倍余额递减法。其中年份数求和法和双倍余额递减法属于加速折旧的方法。

(1)等速折旧法。

采用等速折旧法估算成新率的计算公式:

$$C_D = \left(1 - \frac{Y}{G}\right) \times 100\% \tag{3-28}$$

式中:C_D——等速折旧法成新率;

G——机动车的规定使用年限;

Y——已使用年限,指机动车从登记日期开始到评估基准日所经历的时间。

例:李某所有的一辆吉利帝豪轿车,购置日期是2014年10月14日,2017年10月在北京花乡二手车市场上进行交易,试用等速折旧法确定该车的成新率。

根据《机动车强制报废标准规定》,小、微型非营运载客汽车无使用年限限制,为了计算方便,仍将轿车的规定使用年限确定为15年,也符合该类汽车平均使用年限为15年的现实情况。所以吉利帝豪轿车的成新率为:

$$C_D = \left(1 - \frac{3}{15}\right) \times 100\% = 80\%$$

(2)年份数求和法。

年份数求和法是指每年的折旧额可用车辆原值减去残值的差额乘一个逐年变化的递减系数来确定二手车成新率的一种方法。

年份数求和法估算二手车成新率的计算公式:

$$C_F = \left[1 - \frac{2}{G(G+1)} \sum_{n=1}^{Y} (G+1-n)\right] \times 100\% \tag{3-29}$$

或:

$$C_F = \frac{\sum_{n=1}^{G-Y} n}{\sum_{n=1}^{G} n} \times 100\% \tag{3-30}$$

式中:C_F——年限求和法成新率;

Y——已使用年限;

G——机动车的规定使用年限;

n——机动车在使用期内某一确定年度。

例:李某所有的一辆吉利帝豪汽车,购置日期是2014年10月14日,2017年10月在北京花乡二手车市场上进行交易,试用年份数求和法确定该车的成新率。

$$\begin{aligned} C_F &= \left[1 - \frac{2}{15 \times (15+1)} \sum_{n=1}^{3} (15+1-n)\right] \times 100\% \\ &= \left\{1 - \frac{2}{15 \times (15+1)} \times \left[(15+1-1) + (15+1-2) + (15+1-3)\right]\right\} \times 100\% \\ &= 65\% \end{aligned}$$

(3)双倍余额递减法。

双倍余额递减折旧法是指任何年的折旧额用现有车辆原值乘以在车辆整个寿命期内恒定的折旧率,接着用车辆原值减去该年折旧额作新的原值,下一年重复这一做法,直到折旧总额分摊完毕。在余额递减中所使用的折旧率,通常大于直线折旧率,当使用的折旧率为直线折旧率的 2 倍时,称为双倍余额递减法。

双倍余额递减法计算二手车成新率的计算公式如下:

$$C_S = \left[1 - \frac{2}{G}\sum_{n=1}^{Y}\left(1 - \frac{2}{G}\right)^{n-1}\right] \times 100\% \quad (3-31)$$

或:

$$C_S = \left(1 - \frac{2}{G}\right)^Y \times 100\% \quad (3-32)$$

式中:C_S——双倍余额递减法成新率;

　　Y——已使用年限;

　　G——机动车的规定使用年限;

　　n——机动车在使用期内某一确定年度。

例:李某所有的一辆吉利帝豪汽车,购置日期是 2014 年 10 月 14 日,2017 年 10 月在北京花乡二手车市场上进行交易,试用双倍余额递减法确定该车的成新率。

$$C_S = \left[1 - \frac{2}{15}\sum_{n=1}^{3}\left(1 - \frac{2}{15}\right)^{n-1}\right] \times 100\%$$

$$= \left\{1 - \frac{2}{15} \times \left[\left(1 - \frac{2}{15}\right)^0 + \left(1 - \frac{2}{15}\right)^1 + \left(1 - \frac{2}{15}\right)^2\right]\right\} \times 100\%$$

$$= 65\%$$

在二手车价值评估的实际计算中,通常在使用等速折旧时,将已使用年限和车辆平均使用年限换算成月数;但在使用双倍余额递减法时,已使用年限和车辆平均使用年限的整数年按年数计算,不足一年部分按 12 分之几折算。如 3 年 9 个月,前三年按年计算,后 9 个月按第四年折旧的 9/12 计算。例如,已使用 a 年 b 个月的计算公式:

$$C_S = C_a - \frac{C_a - C_{a+1}}{12} \cdot b \quad (3-33)$$

二手车价值评估中通常不计算不足一个月的天数折旧。

2)整车观测法确定成新率

整车观测法是指二手车鉴定评估人员凭职业经验,靠感觉(视觉、听觉、触觉)或借助检测工具,对鉴定车辆的状态和损耗程度做出判断、分级,以确定成新率的一种方法。正常情况下,家用轿车不同技术状况对应的成新率参见表 3-2。

家用轿车不同技术状况对应的成新率表　　　表 3-2

车辆等级	车况定义	技术状况描述	成新率
1	很新	注册登记不满 1 年,行驶里程≤2 万 km,没有缺陷,没有修理和买卖的经历	95%
			90%
2	很好	注册登记不满 3 年,行驶里程≤6 万 km,有轻微不明显的损伤,漆面、车身和内部仅有小瑕疵,没有机械问题,无须更换部件或进行任何修理,无不良记录	85%
			80%
			75%

续上表

车辆等级	车况定义	技术状况描述	成新率
3	良好	注册登记不满5年,行驶里程≤10万km,重新油漆的痕迹是好的,机械部分及易损件已更换,在用状态良好,故障率低,可随时使用	70% 65% 60% 55%
4	一般	行驶里程≤16万km,有一些机械方面的明显缺陷,需要进行某些修理或更换一些易损部件,可以随时使用,但动力性下降,油耗增加	50% 45% 40% 35%
5	尚可使用	处于运行状态的旧车,漆面无光泽,锈蚀严重,有多处明显的机械缺陷,可能存在不容易修复的问题,需要进行较多的维修和换件,可靠性很差,使用成本增加	30% 25% 20% 15%
6	待报废处理	基本达到或达到使用年限,通过《机动车运行安全技术条件》检验,能使用,但动力性、经济性、可靠性下降,燃料费、维修费、大修费用增长速度快,车辆效益与支出基本持平,甚至下降,排放污染和噪声污染达到极限	10% 5% 4%
7	报废	使用年限已达到报废规定,只有基本材料的回收价值	2% 0%

3)部件鉴定法确定成新率

部件鉴定法是在确定二手车各组成部分技术状况的基础上,按其组成部分对整车的重要性和价值量的大小来加权评分,最后确定二手车成新率的一种方法。其计算公式为:

$$C_B = \sum_{n=1}^{n} \Delta_i \cdot B_i \tag{3-34}$$

式中:C_B——部件鉴定法成新率;

Δ_i——第i项部件的成新率;

B_i——第i项部件价值权重;

n——部件项目数量。

部件鉴定法的基本步骤如下:

(1)先将车辆分成表3-3所述几个部分的总成部件,再根据各总成部件的建造成本、车辆建造成本的比重,按一定百分比确定权重。

机动车总成、部件价值权重　　表3-3

总成名称	权重(%)		
	轿车	客车	货车
发动机及离合器总成	25	28	25
变速器及传动轴总成	12	10	15
前桥及转向器前悬总成	9	10	15

续上表

总成名称	权重(%)		
	轿车	客车	货车
后桥及后悬架总成	9	10	15
制动系统	6	5	5
车架总成	0	5	6
车身总成	28	22	9
电器仪表系统	7	6	5
轮胎	4	4	5

(2)以全新车辆对应的功能标准为满分100分,其功能完全丧失为0分,再根据各总成、部件的技术状况估算各总成部件的成新率。

(3)将各总成部件的成新率与权重相乘,即得到各总成部件的权分成新率。

(4)最后将各总成部件权分成新率相加,即得被评估车辆的成新率。由于在不同种类、档次的车辆上,各组成部分对整车的重要性及其价值占整车的比重各不相同,有些类型车辆之间相差还很大,因此表3-3仅供评估人员参考,不可作为唯一标准。在实际评估时,应根据车辆各部分价值量占整车价值的比重调整各部分的权重。例如高价值轿车的电器仪表系统,其权重可以调整为20%~30%。

用部件鉴定法计算加权成新率时,部件成新率的取值一般不能超过采用公式计算得出的整车成新率。

采用部件分析法时车辆各组成部分权重难以掌握,特别是面对各种车型、各种品牌、各种结构,其各组成部分的划分及权重的分配和计算难度较大,且费时费力。因这种方法既考虑了二手车实体性损耗,也考虑了二手车维修换件会增大对于车辆的价值,所以评估值更接近客观实际,可信度高,多用于价值较高的二手车评估。

4)行驶里程法确定成新率

用行驶里程法确定二手车的成新率,是指用被评估车的尚可行驶里程与规定行驶里程的比值来确定二手车成新率的一种方法,其计算公式为:

$$\beta = \left(1 - \frac{S_1}{S_0}\right) \times 100\% \tag{3-35}$$

式中:β——二手车的成新率,%;

S_1——二手车累计行驶里程,万km;

S_0——车辆规定的行驶里程,万km。

用行驶里程法确定的成新率,仅仅反映了二手车使用强度及使用过程中实际的物理损耗,考虑了二手车使用强度对其成新率的影响。总的行驶里程越大,车辆的实际有形损耗也越大。但对于篡改里程表等因素的影响没有考虑,因此用行驶里程法确定的成新率仅仅是参考。

二手车累计行驶里程是指被评估二手车从开始使用到评估基准时点所行驶的总里程。

车辆规定的行驶里程是指《机动车强制报废标准规定》中的引导报废行驶里程。各类机动车的引导报废里程见表3-4。

机动车引导报废行驶里程　　　　　表3-4

车辆类型与用途			行驶里程(万 km)
客车	营运	出租 小型、微型	60
		出租 中型	50
		出租 大型	60
		租赁	60
		教练 小型、中型	50
		教练 大型	60
		公交	40
		其他 小型、微型	60
		其他 中型	50
		其他 大型	80
	专用校车		40
	非营运	小、微型	60
		中型	60
		大型	50
		大型(轿车)	60
货车	微型		50
	中、轻型		60
	重型(含半挂牵引车和全挂牵引车)		70
	危险品运输车		40
	低速货车(装用多缸发动机)		30
专用车	专项作业车、轮式专用机械		50
摩托车	正三轮		10
	其他		12

7. 综合调整系数的估算

采用年限法和行驶里程法计算二手车成新率时,还应考虑二手车的技术状况对成新率的影响。影响二手车成新率的主要因素有车辆技术状况、使用和维修状态、原始制造质量、工作性质、工作条件5个方面。为此,综合调整系数由5个方面构成。这5个方面因素的影响权重是不同的,根据经验分别取为30%、25%、20%、15%和10%,则综合调整系数的计算公式为:

$$K = K_1 \times 30\% + K_2 \times 25\% + K_3 \times 20\% + K_4 \times 15\% + K_5 \times 10\% \qquad (3\text{-}36)$$

式中: K_1——车辆技术状况调整系数;

K_2——车辆使用和维修状态调整系数;

K_3——车辆原始制造质量调整系数;
K_4——车辆工作性质调整系数;
K_5——车辆工作条件调整系数。

1) 车辆技术状况调整系数K_1

车辆技术状况调整系数是在车辆技术状况鉴定的基础上对车辆进行的技术分级,然后取不同的调整系数来修正车辆的成新率。车辆技术状况调整系数取值范围为0.6~1.0。

2) 车辆使用和维护状态调整系数K_2

该系数反映使用者的车辆使用和维护水平。不同的使用者对车辆的使用和维护的实际执行情况差别较大,因而直接影响车辆的使用寿命和成新率。车辆使用和维护状态调整系数取值范围为0.7~1.0。

3) 车辆原始制造质量调整系数K_3

确定该系数时,应了解车辆是国产车还是进口车,是进口车的还需了解是否是名牌车以及进口国别,是国产车的应了解是名牌产品还是一般产品。对依法没收后合法领取牌证的走私车辆,其原始制造质量系数建议视同国产名牌产品考虑。原始制造质量系数取值范围为0.7~1.0。

4) 车辆工作性质调整系数K_4

车辆使用性质不同,使用强度也不同。可把车辆使用性质分为私人工作和生活用车,机关企事业单位的公务和商务用车,从事旅客、货运、城市出租的营运用车。以普通小轿车为例,一般来说,私人工作和生活用车每年最多行驶约2.5万km;公务、商务用车每年不超过4万km;而营运出租车每年行驶有些高达12万km,甚至更多。可见工作性质不同,其使用强度差异之大。车辆工作性质调整系数取值范围为0.5~1.0。

5) 车辆工作条件调整系数K_5

我国地域辽阔,各地自然条件差别很大,车辆的工作条件对其成新率影响很大。车辆工作条件可分为道路条件和特殊使用条件。

道路条件可分为好路、中等路和差路三类。好路是指国家道路等级中的高速公路,一、二、三级道路,好路率在50%以上;中等路是指符合国家道路等级四级道路,好路率在30%~50%;差路是指国家等级以外的路,好路率在30%以下。

特殊使用条件主要指特殊自然条件,包括寒冷、沿海、风沙、山地等地区。

根据上述工作条件可适当取值,车辆长期在道路条件为好路和中等路行驶时,工作条件系数分别取1和0.8;车辆长期在差路或特殊使用条件下工作,其系数取0.6。

各调整系数的选取方法及其权重分配见表3-5。

调整系数及其权重分配表　　　　　　表3-5

影响因素	因素分级	调整系数	权重(%)
技术状态	好	1.0	30
	较好	0.9	
	一般	0.8	
	较差	0.7	
	差	0.6	

续上表

影响因素	因素分级	调整系数	权重(%)
维护保养	好	1.0	25
	较好	0.9	
	一般	0.8	
	较差	0.7	
制造质量	进口车	1.0	20
	国产名牌车	0.9	
	进口非名牌车	0.8	
	走私罚没车、国产非名牌车	0.7	
工作性质	私用	1.0	15
	公务、商务	0.7	
	营运	0.5	
工作条件	较好	1.0	10
	一般	0.8	
	较差	0.6	

从上述影响因素中可以看出,各影响因素关联性较大。一般来说,其中某一影响因素加强时,其他项影响因素也随之加强,反之则减弱。影响因素作用加强时,对其综合调整系数不要随影响作用加强而随之无限加大,一般综合调整系数取值不要超过1.0。

除了上述五种主要因素之外,还有其他因素对二手车的成新率有一定的影响,如车辆大修情况、重大事故情况和地域因素等。

一辆机动车经过一段时间的使用后(或停用,受自然力的影响)会产生磨损,磨损的补偿就是修理。当某零部件完全丧失功能而又无法修理时,必须换件以恢复其功能。当车辆主要总成的技术状况下降到一定程度时,需要用修理或更换车辆零部件的方法恢复车辆的动力性、经济性、工作可靠性和外观的完整美观性,这样对车辆的追加投入,从理论上讲增加了车辆的使用寿命,因此对二手车成新率的估算值可适当增加。但是在实际使用和维修中存在以下不足之处:

①使用者对车辆的技术管理水平低,不清楚自己车辆的实际技术状况,而不能做到合理送修、适时大修。

②社会上有些维修企业,维修设备落后,装配技术水平较差。

③某些配件质量差。

因此,经过大修的车辆不一定都能很好地恢复车辆的使用性能,例如,老旧的国产车辆刚完成大修,即使很好地恢复了其使用性能,但其耐久性还是很差,一些高档进口车辆经过大修以后,不仅难以恢复原始技术状况,而且有扩大故障的可能性。因此,对于重置成本在7万元以下的旧车或老旧车辆,通常不考虑其大修对成新率的增加问题,而对于重置成本在

7万~25万元的车辆,凭车主提供的车辆大修结算清单等资料可适当考虑增加成新率的估算值,对于25万元以上的进口车或国产高档车,凭车主提供的车辆大修或一般维修换件的结算清单等资料,分析车辆受托维修厂家的维修设备、维修技术水平、配件来源等情况,或者对车辆进行实体鉴定,考察维修对车辆带来的正面作用或者可能出现的负面影响,从而酌情决定是否增加成新率的估算值。重大事故通常是指车辆因碰撞、倾覆而造成车辆主要结构件的严重损伤,尤其是采用承载式车身的车辆发生过重大事故后,往往存在严重的质量缺陷,并且不易修复,对其价值有重大影响,二手车鉴定评估人员必须高度重视。因此对于出现重大事故的二手车应给予一定的折损率,取值范围为10%~50%。对于火烧车、水淹车的评估,尚需进一步研究探讨。

8. 变现系数的确定

在对二手车进行鉴定评估时,不仅要看车辆的技术状况,而且要充分考虑市场微观经济环境(如某品牌或某车款的热卖度、供求关系、车龄、地区差异、车辆档次或价位等)和政府宏观政策对二手车价格的影响,亦即二手车变现系数对二手车价格的影响。一款热卖的新车,必然也会带动相关二手车的热卖,而且价格上受到新车的影响非常大。由于新车价格是二手车鉴定评估的重要依据和指标之一,因此二手车保值率就成为影响二手车变现系数的主要因素。

1)保值率定义

保值率是车辆使用一定时间后的易手价格与其原始购车价格的比率,是反映某个车型或品牌在二手车市场流通中所呈现出来的价格变动和价值折减情况的量化指标,是某车型受生产商实力、品牌形象认知度和美誉度、市场份额(保有量)、车辆性能、使用可靠性、配件价格、维修成本等多种因素综合作用的市场价值判断尺度。

对汽车消费者而言,保值率可作为购买新车的参考标准之一,用于了解车辆在使用一定时间后的价值。消费者在选购汽车时,购买到一款认知度高、品质优良、价值相对稳定的车对将来处置旧车是至关重要的,保值率是做出购买决策的重要参考依据。

对二手车从业者而言,汽车保值率已经作为管理控制业务经营风险的一个重要工具。二手车从业者在收购二手车环节,会参考保值率制定二手车收购价格,二手车定价更为理性,从而降低二手车业务经营风险。

对整车厂商而言,品牌保值率为厂商了解自身产品和竞争者产品在市场中的价值和优劣势提供了量化依据,也为厂商的产品更新换代、制定销售策略和管理车辆残值等业务提供关键数据支持。

不同年份的保值率按时间顺序连接起来就形成了车辆生命周期的价值曲线。保值率曲线是一条贯穿车辆从下线到报废完整生命周期的价值曲线,保值率曲线的走势表明随着使用时间的增加,该款车的价值趋势,通过对保值率的研究可以清楚地了解车辆在其生命周期不同阶段的真实价值表现。

2)国产乘用车各级别车型保值率分析

整体来看,各级细分市场的车龄保值率随着车龄的增长而逐步分化,车龄1~5年保值率表现最佳的为中大型SUV,表现最差的为微型轿车,其余各级别表现差异不大,相对稳定集中。国产乘用车各级别车型1~5年保值率数据见表3-6。

国产乘用车各级别车型 1~5 年保值率数据　　　　　表 3-6

车型级别	1 年保值率	2 年保值率	3 年保值率	4 年保值率	5 年保值率
微型轿车	62.88%	55.95%	48.94%	42.42%	36.47%
小型轿车	66.94%	61.34%	53.56%	47.92%	42.42%
紧凑型轿车	67.22%	60.31%	53.64%	48.10%	42.46%
中级轿车	70.61%	64.03%	57.63%	51.33%	45.38%
中高级轿车	69.24%	62.56%	56.73%	51.06%	46.30%
小型 SUV	70.78%	64.33%	58.41%	51.60%	46.62%
紧凑型 SUV	69.51%	61.85%	54.69%	48.50%	43.10%
中型 SUV	70.70%	65.39%	57.61%	51.14%	46.12%
中大型 SUV	75.81%	70.48%	64.13%	60.40%	55.66%
MPV	70.53%	62.98%	56.26%	49.76%	44.82%

　　微型车细分市场综合保值率排名最低,车龄 1 年的保值率均值为 62.88%,车龄 5 年的保值率均值为 36.47%,1~5 年保值率每年递减 6~9 个百分点。随着人民生活水平的逐步提高,加上全国多个如北、上、广、深、杭等地区出台汽车摇号或号牌拍卖政策,在拍卖价格居高不下或一号难求的市场环境下,消费者大多考虑一步到位,很少考虑选择微型车,加上市场竞争激烈,小型轿车的价格进一步下探,直逼微型车价格,微型车经销商为吸引消费者,往往降价促销,造成其保值率落后于其他细分市场。

　　在小型车和紧凑型车级别中,1~5 年车龄的保值率表现十分接近,最大差距在第 2 年车龄上,为 1.03%,其余车龄差距不过 0.4%,整体来看,紧凑级车型保值率略好于小型车保值率。

　　中级轿车和中高级轿车的细分市场中,越来越多的消费者的消费观念已经发生了转变,更加倾向于一步到位的选择,中级或中高级车成了他们的首选,无论新车还是二手车,中级车市场都是各大厂商最重要的细分市场。随着二手车市场的健全和发展,多样化的汽车金融产品介入,进一步扩大了中级车的消费群体,其保值率稳定性进一步加强。

　　在 SUV 细分市场中,频频上市的新车型加剧了市场的竞争,小型、紧凑型和中型 SUV 保值率不分上下,首年最高保值率与最低保值率相差不到 2 个百分点,3 年保值率相差不过 4 个百分点,其中 5 年车龄保值率差距有所减小,在 3.5 个百分点附近。

　　中大型 SUV 部分情况相对特殊,车型较少。普拉多地位多年无可撼动,兰德酷路泽紧随其后,长城 H9 作为普拉多的"翻版车型",因其实用的配置、强悍的性能、相对较低的价位形成了高性价比车型,受到不少消费者的青睐,首年保值率达 75.81%,远高于其他细分级别市场保值率。因哈弗 H9 车型上市较晚,并无 5 年车龄车型,其 5 年车龄保值率由普拉多和兰德酷路泽构成,为 55.66%,和其他细分市场保值差距出现了进一步扩大的趋势。

　　在 MPV 细分市场,随着二胎的放开、公务车市场改革、各企业蓬勃发展使得 7 座 MPV 越来越受到追捧,从高端商务需求到普通百姓 7 座用车,MPV 都成了其首选车型,因此整体 MPV 市场定价形成了从几万到几十万的跨度空间,MPV 车型处于百花齐放发展模式,高级别主流 MPV 车型诸如别克 GL8 和本田奥德赛、低级别诸如五菱宏光、宝骏 730 等都有不错的市场表现,其细分市场1～5年车龄保值率整体表现优良。国产乘用车各级别车型1～5年保值率走势见图3-1。

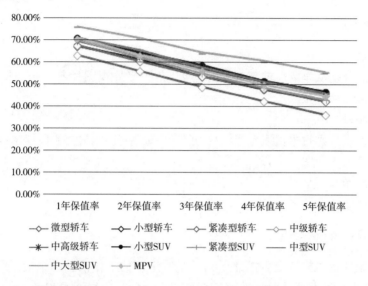

图3-1 国产乘用车各级别车型1～5年保值率走势

3) 二手车变现系数确定

保值率的取值,一方面靠行业权威部门的定期发布,另一方面也要靠评估师经验的积累。车辆的评估遵循的大体规律是"一车一价""一人一价",与评估师的水平有相当大的关系,还与每个车的技术状况、年限、事故贬值等具体情况相关,因为车辆的品牌、型号、配置繁杂,经过一段时间使用之后,其各自的技术状况又会发生千差万别的变化,所以,在二手车评估工作中,应以单台车辆作为评估对象,不能简单地套用评估方法和公式,也不适合简单的批量作业。为了更为准确地计算不同车况的车辆价值,应根据保值率的高低,分析出变现系数的范围取值。

根据国产乘用车各级别车型1～5年保值率数据,将二手车变现系数划分为5档,并对应相应系数,见表3-7。

国产乘用车保值率和变现系数对应表　　　表3-7

序　号	级别(保值率)	变现系数
1	高	1.1～1.2
2	较高	1.0～1.1
3	中	0.9～1.0
4	低	0.8～0.9
5	较低	0.8以下

对于中级别保值率的乘用车,其变现系数与其车整体保值率基本对应,而保值率高于整体保值率的车辆,其变现系数明显较高,反之则明显降低。

表3-7所列变现系数仅用于乘用车采用重置成本法且用加速折旧计算成新率时对评估值进行修正。

二、形成鉴定评估结果

(一) 车辆拍照

1. 外观拍照

外观图片。分别从车辆左前部与右后部45°角拍摄外观图片各一张。拍摄外观破损部位带标尺的正面图片一张。

2. 驾驶舱拍照

驾驶舱图片。分别拍摄仪表台操纵杆、前排座椅、后排座椅左侧45°角图片各一张,拍摄破损部位带标尺的正面图片一张。

3. 发动机舱拍照

拍摄发动机舱图片一张。

(二) 撰写鉴定评估报告

二手车鉴定评估机构接受委托开展二手车鉴定评估工作活动结束后,要按照有关法规要求,向委托方出具涉及评估对象的鉴定评估过程、评估方法、评估结论、说明、计算过程及各类备查文件等内容的《二手车鉴定评估报告》。

二手车鉴定评估报告是评估机构完成评估工作后提交给委托方的公正性工作报告,是评估机构履行评估合同的成果,也是评估机构为资产评估项目承担法律责任的证明文件。

二手车鉴定评估报告质量的高低,除取决于评估结论的准确性、评估方法的正确性、参数确定的合理性等之外,还取决于报告的格式、文字表述水平及印刷质量等。前者可以说是评估报告的内在质量,后者则是评估报告的外在质量,两者不可偏废。

1. 二手车鉴定评估报告的作用

一般来说,《二手车鉴定评估报告》有以下几个作用:

(1) 作为产权变动交易作价的基础材料。二手车鉴定评估报告的结论可以作为车辆交易谈判的底价参考依据,或作为投资比例出资价格的证明材料,特别是对涉及国有资产的二手车必须客观公正地作价,以有效防止国有资产流失,确保国有资产价格的客观、公正、真实。

(2) 作为各类企业进行会计记录的依据。如果需要按评估值对会计账目进行调整,必须由有权机关的批准。

(3) 作为法庭辩论和裁决时确认财产价格的举证材料。一般是指发生纠纷案时的资产评估,其评估结果可作为法庭做出裁决的证明材料。

(4) 作为支付评估费用的依据。当委托方(客户)收到评估资料及报告书后如果没有提出异议,也就是说评估的资料及结果符合委托书的条款,委托方应以此为前提和依据向受托方的评估机构付费。

(5) 作为评估机构建立评估档案的主要信息来源。

2. 二手车鉴定评估报告基本要求

撰写二手车鉴定评估报告的基本要求如下:

(1)鉴定评估报告必须依照客观、公正、实事求是的原则由二手车鉴定评估机构独立撰写,如实反映鉴定评估的工作情况。

(2)鉴定评估报告不得带有任何诱导、恭维和推荐性的陈述,评估报告正文不得出现鉴定评估机构的介绍性内容。

(3)鉴定评估报告应有委托单位(或个人)的名称、二手车鉴定评估机构的名称和印章,二手车鉴定评估机构法人代表或其委托人和二手车鉴定评估师的签字,以及出具报告的日期。

(4)鉴定评估报告要写明评估基准日,且不得随意更改。评估过程中采用的所有税率、费率、利率和其他价格标准,均应采用基准日的标准。

(5)鉴定评估报告中应写明评估的目的和范围、二手车的状态和产权归属。

(6)鉴定评估报告应说明评估工作遵循的原则、所依据的法律法规、鉴定评估过程简述,采用的评估方法。

(7)鉴定评估报告应有明确的鉴定估算价值的结果,鉴定结果应有二手车的成新率、原值、重置价值、评估价值等。

(8)鉴定评估报告的数据一般均应采用阿拉伯数字,鉴定评估报告应用中文撰写和打印(手写无效)。如需出具外文评估报告,其内容和结果应与中文报告书一致,并须在评估报告中注明以中文报告为准。

(9)鉴定评估报告的附件应齐全。

3.二手车鉴定评估报告主要内容

二手车鉴定评估报告(示范文本)

××××鉴定评估机构评报字(20　年)第××号

一、绪言

(鉴定评估机构)接受(委托机构或委托人)委托,根据国家有关评估、《二手车流通管理办法》和《二手车鉴定评估技术规范》(GB/T 30323)的规定,本着客观、独立、公正、科学的原则,按照公认的评估方法,对牌号为_____的车辆进行了鉴定。本机构鉴定评估人员按照必要的程序,对委托鉴定评估的车辆进行了实地查勘与市场调查,并对其在_____年___月___日所表现的市场价值作出了公允反映。

二、委托方信息

委托方:
委托方联系人:
联系电话:
车主姓名/名称:(填写机动车登记证书所示的名称)

三、鉴定评估基准日

_____年___月___日

四、鉴定评估车辆信息

厂牌型号：　　　　　　　　　牌照号码：
发动机号：　　　　　　　　　车辆识别代号/车架号：
车身颜色：　　　　　　　　　表征里程：
注册登记日期：_____年____月
年审检验合格有效期至：_____年____月
交强险截止日期：_____年____月
车船税截止日期：_____年____月
是否查封、抵押车辆：□是　□否
车辆购置税(费)证：□有　□无
机动车登记证书：□有　□无
机动车行驶证：□有　□无
未接受处理的交通违法记录：□有　□无
使用性质：□公务用车　□家庭用车　□营运用车　□出租车　□其他：

五、技术鉴定结果

技术状况缺陷描述：

重要配置及参数信息：
技术状况鉴定等级：
等级描述：

六、价值评估

价值估算方法：□现行市价法　□重置成本法　□其他
计算过程：

价值估算结果：车辆鉴定评估价值为人民币_____元，金额大写_____。

七、特别事项说明[1]

八、鉴定评估报告法律效力

本鉴定评估结果可以作为作价参考依据。本项鉴定评估结论有效期为90天，自鉴定评估基准日至　　年　月　　日止。

九、声明

(1)本鉴定评估机构对该鉴定评估报告承担法律责任。

(2)本报告所提供的车辆评估价值为评估基准日的价值。

(3)该鉴定评估报告的使用权归委托方所有,其鉴定评估结论仅供委托方为本项目鉴定评估目的使用和送交二手车鉴定评估主管机关审查使用,不适用于其他目的,否则本鉴定评估机构不承担相应法律责任;因使用本报告不当而产生的任何后果与签署本报告书的鉴定评估人员无关。

(4)本鉴定评估机构承诺,未经委托方许可,不将本报告的内容向他人提供或公开,否则本鉴定评估机构将承担相应法律责任。

附件:
一、二手车鉴定评估委托书
二、二手车鉴定评估作业表
三、车辆行驶证、机动车登记证书证复印件
四、被鉴定评估二手车照片(要求外观清晰,车辆牌照能够辨认)

二手车鉴定评估师(签字、盖章)　　　　　　　　复核人[2](签字、盖章)

　　　年　　月　　日　　　　　　　　　　(二手车鉴定评估机构盖章)
　　　　　　　　　　　　　　　　　　　　　　　年　　月　　日

[1]特别事项是指在已确定鉴定评估结果的前提下,鉴定评估人员认为需要说明在鉴定过程中已发现可能影响鉴定评估结论,但非鉴定评估人员执业水平和能力所能鉴定评估的有关事项以及其他问题。

[2]复核人是指具有高级二手车鉴定评估师资格的人员。

注:1.本报告书和作业表一式三份,委托方二份,受托方一份。
　　2.鉴定评估基准日即为《二手车鉴定评估委托书》签订的日期。

4.二手车鉴定评估报告填写

鉴定评估报告的题目要填写具体的鉴定评估名称、年份以及鉴定评估报告的编号,不能留空白。

第一部分绪言,需要填写四个空,第一个是鉴定评估机构的名称(采用全称),第二个为委托机构或委托人的名称,第三个空填写车辆的车牌号,注意填写字迹要工整,保证便于识别,最后一个空填写鉴定评估基准日,年份前要填写四位阿拉伯数字,月份和日期前要填写两位阿拉伯数字,不足位数的前面补阿拉伯数字0,例如2009年03月04日,具体鉴定评估基准日鉴定评估机构根据委托人的鉴定评估目的确定。

第二部分委托方信息,委托方的信息要按要求填写完整,不留空白,所填电话要进行核对。

第三部分为鉴定评估基准日,其填写规范参考第一部分绪言中最后一个空的填写要求。

第四部分为鉴定评估车辆信息,参考《二手车技术状况表》中车辆基本信息内容填写,非选择项目要打叉号,确保不留空白。

第五部分为技术鉴定结果,技术状况缺陷描述、技术状况鉴定等级参考作业表中相应栏目的内容,采用文字描述,重要配置及参数信息参考《二手车技术状况表》相应栏目的内容填写;等级描述要说明等级的分数范围以及具体的分数。

第六部分为价值评估,价值的估算方法根据实际情况选择,未选择的项目要打叉号,不留空白。

计算过程中表达清楚三部分内容,即数据收集过程,数据处理过程,数据结果的得出。

价值估算结果第一个空填阿拉伯数字,不同数字之间不允许连笔,工整撰写,确保轻易识别,第二个空填写大写金额,最后要注意补充货币单位和"整"字。

补充大写数字:壹、贰、叁、肆、伍、陆、柒、捌、玖、拾、佰、仟、万。

示例:叁万两仟肆佰元整(大写最后的"整"字不能省略)。

第七项特别事项的说明,参考表格备注[1]。

第八项,在鉴定评估报告法律效力中,阐明鉴定评估报告的有效期为90天。从鉴定评估基准日(即《二手车鉴定评估委托书》签订的日期,参见备注②)的时间点起计算90天。比如2014年1月1日为鉴定评估基准日,有效期截止到2014年4月1日。

最后部分,需要二手车鉴定评估师本人签字并盖章,复核人(高级二手车鉴定评估师)签字并盖章,二手车鉴定评估机构盖章,填写签字盖章的日期。

(三)归档工作底稿

1. 建立二手车鉴定评估档案

二手车评估报告档案是管理部门对二手车交易市场或鉴定评估及巩固组织管理水平、评估人员的业务能力及评估质量进行评价的重要依据。二手车交易市场或鉴定评估机构应由专人负责管理二手车鉴定评估报告书,形成完整的评估档案。评估档案应保留到评估车辆达到法定报废年限为止。要建立健全二手车鉴定评估报告档案的保密、安全等事项的工作制度,并严格贯彻执行。同时还要及时、准确、真实地进行统计,并按规定向有关机关报送统计报表。

二手车鉴定评估工作底稿归档即为将《二手车鉴定评估报告》及其附件与工作底稿独立汇编成册,存档备查。《二手车鉴定评估报告》的附件及工作底稿是针对同一个鉴定评估对象在整个鉴定评估过程中所形成的各种有效文件,包括但不限于以下文件:《二手车鉴定评估作业表》《二手车技术状况表》《二手车鉴定评估委托书》、二手车鉴定评估过程中的相关照片和缺陷照片等。

独立汇编要求同一时间、同一评估对象的文件归为一类,单独整理完整后汇编成册,存档备查,建议每一辆二手车都要建立完整的电子档案,存档备查。

关于档案的保管期限,档案保存一般不低于5年;重点关注鉴定评估目的。涉及财产纠纷的,其档案的保管期限要结合财产纠纷的持续时间综合确定,一般保管的期限至少应为10年。法律法规另有规定的,从其规定。

2. 二手车鉴定评估档案管理制度

为了加强业务档案的科学管理,规范业务档案的立卷、归档、保管、调阅行为,更好地为外勤业务工作服务,制定二手车鉴定评估报告档案管理制度。二手车鉴定评估报告的档案管理包括二手车鉴定评估报告的归档制度、保管制度、保密制度、借阅档案制度,其具体内容如下:

(1)设立各类业务报告发文登记簿,按报告类别分类顺序登记业务报告。业务报告经二手车鉴定估价师签字并加盖单位公章后,由专人负责统一对外寄送。档案管理员应留一份业务报告,并按业务类别和发文序号另行分卷保管,以备核对。

(2)业务档案的立卷、归档、保管、调阅实行项目负责人负责制。业务部的档案应在每项业务完成后,由项目负责人负责组织人员,将业务报告、业务报告签发稿及业务约定书等工作底稿按工作底稿的内在特性,通过索引方式进行编排目录、编号并装订成册。装订前,对超长、超宽的报表、工作底稿等资料应进行折叠,做到整齐划一。装订好的业务档案应在封面注明客户名称、委托业务、签字的二手车鉴定估价师、助理人员、审验年度,并在卷内目录内注明起止页码,由评估人员签章。工作底稿数量较多,一卷难以容纳的,可分卷装订。

(3)当年的业务档案可暂由业务部保管1年。期满之后,由项目负责人编造清册移交公司档案部门。档案管理员应将接收的档案造册登记入档。

(4)档案部门应对档案进行科学管理,做到妥善保管,存放有序,查找方便。同时,严格执行安全和保密制度,不得随意堆放,严防毁损、散失和泄密,要定期检查档案管理情况,对破损和变质的档案应及时修补、复制或作其他技术处理。

(5)档案部门保存的业务档案应为业务部门提供便利条件,向外单位提供利用时,依照《独立评估具体准则第6号评估工作底稿》第二十二、二十三条之规定办理。

(6)业务档案保管年限自评估报告签发之日起至该车辆报废期满后5年止。

(7)对于保管期限届满的档案,公司可以决定将其销毁。销毁时,应按照规定履行必要手续。

3. 二手车鉴定评估资料公开制度

(1)二手车鉴定评估资料是指委托鉴定评估车辆价格形成资料,包括车辆登记信息资料、车辆技术状况资料、鉴定评估方法及评估计算资料。

(2)公开原则:车辆鉴定评估是为车辆交易服务,为保证交易公平,交易各方对车辆状况信息必须对称,委托鉴定评估车辆价格形成资料应对交易各方公开。

(3)公开范围:鉴定评估报告的使用人及拟参与交易的购买人。

(4)公开内容。

①车辆基本信息资料:车辆登记证上记载的车辆信息资料、车辆保费交纳情况资料、营运车辆经营许可资料、特种车辆运输许可证等资料。

②车辆技术状况资料:委托车辆现时技术状况,是否有过交通事故、事故损坏程度及修复情况,车辆的使用维护情况资料。

③鉴定评估方法及评估计算资料:鉴定评估方法、取价依据、计算过程。

(5)公开方式。

①以机动车鉴定评估作业表的方式,作为鉴定评估报告的附件随鉴定评估报告一起,直接向报告使用人公开。

②在满足公开条件并履行公司公开程序后向拟参与交易的购买人公开。

(6)公开程序。

①车辆交易信息由委托方在媒体上公开,交易对象不特定的,拟参与交易的购买人凭媒体上公开的交易信息资料,向本公司申请查询。

②车辆交易信息未公开的,拟参与交易的购买人凭委托方的许可证明,向本公司申请查询。

③查询申请可直接向该车鉴定评估项目负责人提出,该车鉴定评估项目负责人可自行

或指定该项目的执业人员向查询人公开该车的鉴定评估资料,并对查询人提出的与该车鉴定评估有关的问题作出说明、解释。

④查阅资料在本公司人员在场情况下进行,鉴定评估资料不得外借,不得涂改损坏。

(一)现行市价法价值评估计算实例

1. 案例一

某家用2011年国产雪佛兰爱唯欧1.6L ECOTEC直列四缸发动机、5速手动变速器,厂家指导价9.98万元,该车仅仅使用2个月不到,首保还未做,车况等于新车,运用现行市价法中的直接法计算评估该车的价格。

评估过程:

1)鉴定被评估的车辆

(1)评估车辆为2011年国产雪佛兰爱唯欧家用车1.6L ECOTEC直列四缸发动机、5速手动变速器。

(2)车外观良好,油漆无损伤修补,车门开合良好,车架连接处正常,焊点清晰,密封状况良好。

(3)动态检查良好,起动发动机运转正常,很快进入稳定怠速状态。行驶过程中动力表现突出,起步、加速、高速状况下动力都能满足要求,操控性不错,制动非常好。

2)了解当地的二手车市场情况

(1)了解当地的二手车市场情况,是否有与该被评估车辆同类型、入户时间相近、使用状况相近的车辆在旧机动车市场交易。

(2)选择可比性强的参照物。厂家指导价9.98万元,该车仅仅使用2个月不到,首保还未做,车况等于新车。

3)估算

两厢的爱唯欧能够吸引不少的年轻消费者,而且新车上市的时间短,在二手车市场的保有量少,保值率偏高。评估价格人民币9万元。

2. 案例二

现在要评估一辆轿车,二手车市场上获得市场参照物的品牌型号、购置日期、行驶里程、整车技术状况基本相同,区别在于:被评估车辆改装了一套音响系统,目前价值约为5000元,参照物的右后组合灯损坏需要更换,费用为230元。已知参照物的市场交易价为235000元,该如何计算被评估车辆的价格?

评估过程:

1)分析比较被评估的车辆和参照车辆

(1)已知参照物的市场交易价为235000元。

(2)参照物的右后组合灯损坏需要更换,费用为230元。

(3)被评估车辆改装了一套音响系统,目前价值约为5000元。

2)计算价格
$$P = P' + P_1 - P_2$$
$$= 235000 + 5000 - 230 = 239770(元)$$

3. 案例三

试采用现行市价法对某捷达轿车进行价值评估,该车与两个参照车辆的具体经济参数见表3-8。

被评估车辆与参照车辆经济技术参数　　　　　　　表3-8

序号	技术经济参数	参照车辆Ⅰ	参照车辆Ⅱ	被评估汽车
1	车辆型号	捷达 FV7160GL	捷达 FV7160GIX	捷达 FV7160GIX
2	销售条件	公开市场	公开市场	公开市场
3	交易时间	2003年12月	2004年6月	2004年6月
4	使用年限	15年	15年	15年
5	初次登记年月	1998年6月	1998年6月	1998年12月
6	已使用时间	5年6个月	6年	5年6个月
7	成新率	53%	48%	50%
8	交易数量	1	1	1
9	付款方式	现款	现款	现款
10	地点	北京	北京	北京
11	物价指数	1	1.03	1.03
12	价格	5.0万元	5.5万元	求评估值

评估过程:

1)以参照车辆Ⅰ为参照车辆做各项差异量化和调整

(1)结构性能差异量化与调整。

参照车辆Ⅰ车身为老式车身,被评估物为新式改脸车身,评估基准时点该项结构价格差异为0.8万元,参照车辆Ⅰ发动机为化油器式两气门发动机,被评估物发动机为电喷式五气门发动机,评估基准时点该项结构价格差异为0.6万元,该项调整数为:

$$(0.8 + 0.6) \times 60\% = 0.84(万元)$$

(2)销售时间差异量化与调整。

参照车辆Ⅰ成交时物价指数为1,被评估物评估时物价指数为1.03,该项调整系数为:

$$\frac{1.03}{1} = 1.03$$

(3)新旧程度差异量化与调整。

该项调整数为:

$$5.0 \times (50\% - 53\%) = -0.15(万元)$$

销售数量和付款方式无差异。

$$评估值 = (5.0 + 0.84 - 0.15) \times 1.03 = 5.86(万元)$$

2)以参照车辆Ⅱ为参照车辆做各项差异量化和调整

(1)结构性能差异量化与调整。

参照车辆Ⅱ发动机为电喷两阀发动机,被评估物为电喷五阀发动机。评估基准时点该项结构价格差异为0.3万元。

该项调整数为:

$$0.3 \times 60\% = 0.18(万元)$$

(2)新旧程度差异量化与调整。

该项调整数为:

$$5.5 \times (50\% - 48\%) = 0.11(万元)$$

销售时间、数量和付款方式无差异。

$$评估值 = 5.5 + 0.18 + 0.11 = 5.79(万元)$$

3)确定评估值

由于两个参照车辆与被评估车辆的成新率、已使用年限、可使用年限等参数均相接近,故可采用平均法确定评估值,即:

$$车辆评估值 = \frac{5.86 + 5.79}{2} \approx 5.83(万元)$$

4. 案例四

在对某辆汽车进行评估时,评估人员选择了三个近期成交的与被评估车辆类别、结构基本相同,经济技术参数相近的车辆作参照车辆。参照车辆与被评估车辆的一些具体经济技术参数见表3-9,试采用现行市价法对该车进行价值评估。

被评估车辆与参照车辆经济技术参数 表3-9

序号	经济技术参数	参照车辆A	参照车辆B	参照车辆C	被评估车辆
1	车辆交易价格	50000	650000	40000	
2	销售条件	公开市场	公开市场	公开市场	公开市场
3	交易时间	6个月前	2个月前	10个月前	
4	已使用年限(年)	5	5	6	5
5	尚可使用年限(年)	5	5	4	5
6	成新率	62	75	55	70
7	年平均维修费用	20000	18000	25000	20000
8	每百公里耗油量(L)	25	22	28	24

评估过程:

1)对被评估车辆与参照车辆之间的差异进行比较、量化

(1)销售时间的差异。

搜集到的资料表明,在评估之前到评估基准日之间的一年内,物价指数大约每月上升0.5%左右。各参照车辆与被评估车辆由于时间差异所产生的差额如下。

①被评估车辆与参照车辆A相比较晚6个月,价格指数上升3%,其差额为:

$$50000 \times 3\% = 1500(元)$$

②被评估车辆与参照车辆B相比较晚2个月,价格指数上升1%,其差额为:

$$65000 \times 1\% = 650(元)$$

③被评估车辆与参照车辆 C 相比较晚 10 个月,价格指数上升 5%,其差额为:
$$40000 \times 5\% = 2000(元)$$
(2)车辆性能的差异。

①按每日营运 150km、每年平均出车 250 天,计算各参照车辆与被评估车辆每年由于燃料消耗的差异所产生的差额。燃料价格按每升 2.2 元计算。

a. A 车每年比被评估车辆多消耗燃料的费用为:
$$(25-24) \times 2.2 \times \frac{150}{100} \times 250 = 825(元)$$

b. B 车每年比被评估车辆少消耗燃料的费用为:
$$(24-22) \times 2.2 \times \frac{150}{100} \times 250 = 1650(元)$$

c. C 车每年比被评估车辆多消耗燃料的费用为:
$$(28-24) \times 2.2 \times \frac{150}{100} \times 250 = 3300(元)$$

②各参照车辆与被评估车辆每年由于维修费用的差异所产生的差额如下。

a. A 车与被评估车辆每年维修费用的差额为:
$$20000 - 20000 = 0(元)$$

b. B 车比被评估车辆每年少花费的维修费用为:
$$20000 - 18000 = 2000(元)$$

c. C 车比被评估车辆每年多花费的维修费用为:
$$25000 - 20000 = 5000(元)$$

③由于营运成本不同,各参照车辆每年与被评估车辆的差异如下。

a. A 车比被评估车辆每年多花费的营运成本为:
$$825 + 0 = 825(元)$$

b. B 车比被评估车辆每年少花费的营运成本为:
$$1650 + 2000 = 3650(元)$$

c. C 车比被评估车辆每年多花费的营运成本为:
$$3300 + 5000 = 8300(元)$$

④取所得税率为 33%,则税后各参照车辆每年比被评估车辆多(或少)花费的营运成本如下。

a. 税后 A 车比被评估车辆每年多花费的营运成本为:
$$825.2 \times (1 - 33\%) = 552.75(元)$$

b. 税后 B 车比被评估车辆每年少花费的营运成本为:
$$3650 \times (1 - 33\%) = 2445.5(元)$$

c. 税后 C 车比被评估车辆每年多花费的营运成本为:
$$8300 \times (1 - 33\%) = 5561(元)$$

⑤适用的折现率为 10%,则在剩余的使用年限内,各参照车辆比被评估车辆多(或少)花费的营运成本如下。

a. A 车比被评估车辆多花费的营运成本折现累加为:

$$552.75 \times \frac{(1+10\%)^5 - 1}{10\% \times (1+10\%)^5} = 552.75 \times 3.7908 = 2095(元)$$

b. B车比被评估车辆少花费的营运成本折现累加为：

$$2445.5 \times \frac{(1+10\%)^5 - 1}{10\% \times (1+10\%)^5} = 2445.5 \times 3.7908 = 9270(元)$$

c. C车比被评估车辆多花费的营运成本折现累加为：

$$5561 \times \frac{(1+10\%)^4 - 1}{10\% \times (1+10\%)^4} = 5561 \times 3.1699 = 17628(元)$$

(3) 成新率的差异。

①A车与被评估车辆由于成新率的差异所产生的差额为：

$$50000 \times (70\% - 60\%) = 5000(元)$$

②B车与被评估车辆由于成新率的差异所产生的差额为：

$$65000 \times (70\% - 75\%) = -3250(元)$$

③C车与被评估车辆由于成新率的差异所产生的差额为：

$$40000 \times (70\% - 55\%) = 6000(元)$$

2) 根据被评估车辆与参照车辆之间差异的量化结果，确定车辆的评估值

(1) 初步确定车辆的评估值。

①与参照车辆A相比分析调整差额，初步评估的结果为：

车辆评估值 = 50000 + 1500 + 2095 + 5000 = 58595(元)

②与参照车辆B相比分析调整差额，初步评估的结果为：

车辆评估值 = 65000 + 650 - 9270 - 3250 = 53130(元)

③与参照车辆C相比分析调整差额，初步评估的结果为：

车辆评估值 = 40000 + 2000 + 17628 + 6000 = 65628(元)

(2) 综合定性分析，确定车辆的评估值。

从上述初步估算的结果可知，按三个不同的参照车辆进行比较测算，初步评估的结果最多相差12498元(65628元 - 53130元 = 12498元)。其主要原因是三个参照车辆的成新率不同(参照车辆A为60%、参照车辆B为75%、参照车辆C为55%)。另外，在选取有关的经济技术参数时也可能存在误差。为减少误差，结合考虑被评估车辆与参照车辆的相似程度，决定采用加权平均法确定评估值，参照车辆B的交易时间离评估基准日较接近(仅隔2个月)，且已使用年限、尚可使用年限、成新率等都与被评估车辆最相近。由于它的相似程度比参照车辆A、C更大，故决定取参照车辆B的加权系数为60%。参照车辆A的交易时间、已使用年限、尚可使用年限、成新率等比参照车辆C的相似程度更大，故决定取参照车辆A的加权系数为30%。取参照车辆C的加权系数为10%。

加权平均后，车辆的评估值为：

车辆评估值 = 53130元 × 60% + 58595元 × 30% + 65628元 × 10% ≈ 56019元

5. 案例五

某汽车租赁公司欲处理一台陕汽牌M3000重型牵引车，现委托某鉴定评估机构对该车市场交易参考价进行评估，车辆基本信息如下：潍柴WP10发动机，257.25kW，6×2牵引车，

初始登记日期 2015 年 9 月，评估基准日 2017 年 9 月。通过市场调查发现，有三辆近期交易的参照车辆，具体配置见表 3-10。

陕汽牌 M3000 重型牵引车配置 表 3-10

项　　目	被评估车辆	参照车辆 1	参照车辆 2	参照车辆 3
车辆型号	SX4256GR279	SX4256GT279W	SX4256GT279W	SX4256GR279
销售条件	公开市场	公开市场	公开市场	公开市场
初始登记日期	2015 年 9 月	2015 年 9 月	2015 年 9 月	2015 年 11 月
已使用时间	24 个月	24 个月	24 个月	26 个月
成新率	70%	64%	68%	73%
价格	求评估值	13 万	11.5 万	12.7 万

评估过程：

(1) 以参照车辆 1 为参照对象对各项参数作差异化调整。

①参照车辆 1 为潍柴 WP12.375E40 发动机，被评估车辆为潍柴 WP10.350E40 发动机。评估基准日该项结构差异 2 万元，调整数为：

$$2 \times 70\% = 1.4(万元)$$

②新旧程度差异化调整，调整数为：

$$13 \times (70\% - 64\%) = 0.78(万元)$$

$$评估值 = 13 - 1.4 + 0.78 = 12.38(万元)$$

(2) 以参照车辆 2 为参照对象对各项参数作差异化调整。

①参照车辆 2 为潍柴 WP10.336E40 发动机，评估基准日该项结构差异 1.2 万元，参照车辆 2 为主驾驶气囊座椅，被评估车辆为普通座椅，评估基准日该项结构差异 0.5 万元，调整数为 $(1.2 - 0.5) \times 70\% = 0.49(万元)$

②新旧程度差异化调整，调整数为：

$$11.5 \times (70\% - 68\%) = 0.23(万元)$$

$$评估值 = 11.5 + 0.49 + 0.23 = 12.22(万元)$$

(3) 以参照车辆 3 为参照对象，对各项参数作差异化调整。

①由于参照车辆 3 与被评估车辆结构无差异，该项不作调整。

②新旧程度差异化调整，调整数为：

$$12.7 \times (73\% - 70\%) = 0.38(万元)$$

$$评估值 = 12.7 - 0.38 = 12.32(万元)$$

(4) 计算评估值 P。

综合参照车辆 1、参照车辆 2 和参照车辆 3，被评估车辆评估值为：

$$P = (12.38 + 12.22 + 12.32) \div 3 = 12.3(万元)$$

根据计算结果，可以确定该车的市场交易参考价为 12.3 万元。

实例解析：

(1) 以上实例中，委托目的是评估二手车的市场交易参考价，属于现行市价价值类型，在符合现行市价法运用条件的情况下，应优先采用现行市价法。本实例中采集的与被评估车辆相同或相似的三个参照车辆,基本上符合选择参照车辆的条件,且与被评估车辆的差异较小。

(2)采集信息、选择和确定参照物是现行市价法的关键步骤。由于我国的汽车产品更新换代和新技术新材料的推广应用步伐很快,生产厂家众多,同类型车辆的厂牌型号、产品系列、总成配件配置的选装等十分繁杂,在市场调查中确定与被评估车辆完全相同的参照物非常困难,也就是说,采用直接法的机会极少,更多的是采用选择相似的参照车辆,采用类比法评估。

(3)在估算参照车辆和被评估车辆的各种差异过程中,需要评估师能够掌握和运用机动车总成、配件、各种装置的专业知识以及价格信息,同时也能够对涉及差异的总成、配件、各种装置进行正确的折旧估算,差异估算可能较为繁杂,但估算愈加详尽准确,评估结论就愈加正确。

(4)在采用现行市价法的评定估算过程中,评估师往往更注重的是评估值与市场实际交易价的吻合度,较少从机动车专业的角度考虑被评估车辆的内在价值和客观价值。如果评估师从专业的立场出发,认为按照上述方法估算的评估值与车辆的实际价值差异过大,也可以酌情稍做调整,可能会引领市场交易价格向更加合理的方向发展。

(二)重置成本法价值评估计算实例

1. 案例一

为增强企业实力,经甲快递公司董事会决定于 2017 年 10 月 12 日并购另一小快递公司乙公司。乙公司旗下有一辆 2015 年 12 月 1 日购买的大众帕萨特小型轿车,请对该车并购后的实际资产价值进行评估。

评估过程:

经检查,该车型号为 2015 款帕萨特 1.8TSI DSG 尊荣版,为非营运车辆,行驶里程为 4 万 km。该车手续齐全有效,维护良好,动静态检查车辆技术状况较好,未发现事故痕迹。该型号新车已经停售,替代产品为 2017 款帕萨特 330TSI DSG 尊荣版。2017 款新车的市场零售价为 22.29 万元,比 2015 款动力提升 14.7kW,排放标准由国Ⅳ改为了国Ⅴ,两项差别大约使车价上升 0.31 万元。

根据题意,要评估车辆的资产价值,可选用重置成本价值类型,运用如下公式进行计算:

$$P = B \cdot C \cdot K \cdot \varphi$$

(1)确定重置成本 B。

车辆作为资产,在评估时应按重置成本全价计算。重置成本全价应包括新车零售价、车辆购置税和上牌费,若上牌费按 200 元计算,则:

$$B = 22.29 - 0.31 + \frac{22.29 - 0.31}{1.17} \times 10\% + 200 = 24.11(万元)$$

(2)确定年限成新率 C。

$$C = \frac{180 - 22}{180} \times 100\% = 87.78\%$$

(3)确定综合调整系数 K。

该车技术状况良好,取 $K_1 = 0.9$,维护良好,取 $K_2 = 1.0$,制造质量为国产名牌,取 $K_3 = 0.9$,工作性质为公务,取 $K_4 = 0.7$,工作条件较好,取 $K_5 = 1.0$。

$$K = K_1 \times 30\% + K_2 \times 25\% + K_3 \times 20\% + K_4 \times 15\% + K_5 \times 10\%$$
$$= 0.9 \times 30\% + 1.0 \times 25\% + 0.9 \times 20\% + 0.7 \times 15\% + 1.0 \times 10\%$$
$$= 0.905$$

(4)确定变现系数 φ。

该车品牌较好,市场保有量较大,保值率较高,变现容易,取变现系数 $\varphi = 1.05$。

(5)计算评估值 P。
$$P = B \cdot C \cdot K \cdot \varphi$$
$$= 24.11 \times 87.78\% \times 0.905 \times 1.05$$
$$\approx 20.11(万元)$$

根据计算结果,可以确定该车的资产价值为 20.11 万元。

2. 案例二

赵某在二手车市场看好了一辆 2009 款北京现代牌伊兰特悦动小型轿车,打算购买。该车注册日期为 2009 年 6 月 5 日,累计行驶 9.2 万 km。假如赵某请你帮忙去买车,请根据国家标准《二手车鉴定评估技术规范》(GB/T 30323—2013)推荐的重置成本法,计算评估基准日为 2017 年 10 月 22 日时该车的市场交易参考价。

评估过程:

经现场检查,该车为现代牌悦动 2009 款 1.6 手动舒适型,手续齐全有效,未发现重大事故。该车新车购买价格为 9.98 万元,但目前该车型已停售,其改进型新车售价为 9.19 万元。

(1)静态检查。

车架号(VIN)、出厂铭牌与机动车登记证记载相符,车体结构完好,车身外观未发现严重碰撞事故痕迹,前杠、左前叶子板有事故修复痕迹,机舱内尘土较多,发动机油底渗漏。转向系统松旷,内饰较差,各电气设备运转正常,各电气设备运转正常,后轮磨损严重。

(2)动态检查。

发动机怠速稳定,无异响,行驶时减振器有异响,制动时异响。

(3)评分。

按照《二手车鉴定评估技术规范》规定对该车进行技术状况检查并评分,见表 3-11。

车辆技术状况鉴定分值表　　　　　　　　　　表 3-11

序　号	鉴定项目	标准分数	实际分数
1	车身外观部位	20	8
2	发动机舱检查	20	9
3	驾驶舱检查	10	5
4	底盘检查	15	7
5	起动检查	20	10
6	路试检查	15	8
	合计	100	47

(4)计算评估值 W。

根据题意,需采用公式 $W = R \cdot e$ 计算。

①确定该车更新重置成本(R)(车辆购买时的新车价值):
$$R = 9.19 \text{ 万元}$$

②确定年限成新率 y:
$$y = N/n = \frac{180-100}{180} = 0.44$$

③确定技术鉴定成新率 t:
$$t = X/100 = 47/100 = 0.47$$

④确定成新率 e:

因该车经济性陈旧贬值不高,但实体性陈旧贬值较高而功能性陈旧贬值较低。整体来看 $y \times \alpha$ 应较高,所以取 $\alpha = 0.9$,$t \times \beta$ 应较低,所以取 $\beta = 0.1$,故:
$$\begin{aligned} e &= y \cdot \alpha + t \cdot \beta \\ &= 0.44 \times 0.9 + 0.47 \times 0.1 \\ &= 0.443 \end{aligned}$$

⑤确定评估值 W:
$$W = R \cdot e = 9.19 \times 0.443 \approx 4.07 \text{ 万元}$$

根据计算结果,确定该车的于评估价值日的市场交易参考价为 4.07 万元。

实例解析:

(1)从以上两个实例看出,委托方提出的评估目的为评估车辆的资产价值(对于所有权为私人的非营运车辆来说可以称为财产价值),依据资产评估理论,此类评估属于重置价值类型,适用的评估方法为重置成本法。

(2)在二手车价值的评定估算中,重置成本取值均采用非全价重置成本,因为根据国家有关车辆购置税的定义,该税属于新车购买时由购买者一次性缴纳的税种,在其后可能发生的所有权转让环节都不再缴纳,所以对于二手车来说,其实际交易价格不应包含车辆购置税。但车辆作为资产时,应按全价重置成本计算。

(3)以上实例中的年限成新率均采用平均折旧法计算。小型轿车的"规定使用年限"仍采用 2013 年实行的国家《机动车强制报废标准规定》之前的规定,非营运小型轿车的合理使用寿命或者说是平均使用寿命为 15 年。

(4)重置价值类型、采用重置成本法估算的车辆评估值,应反映车辆的内在价值和客观价值,因此,如该车有较大的实体性陈旧贬值(如发生过严重的碰撞事故)可以考虑参照事故车贬值计算方法扣减贬值部分。

(5)重置价值类型、采用重置成本法估算的车辆评估值,不是交易市场上该项资产的社会平均认可量,也不可能与实际市场交易价格完全吻合,计算时可以不考虑市场波动因素的影响。

3. 案例三

某工程公司在山东一家信贷公司贷款购买了一辆红岩牌重型自卸货车。后因工程公司经营不善,无法按期偿还贷款。该信贷公司将红岩牌重型自卸货车收回,并准备在市场上出售。该车购买时的价格为 298000 元,目前已行驶 15652km,初次登记日期为 2014 年 12 月 29 日。请用重置成本法评估该车的市场交易参考价。

评估过程：

经检查，该车为红岩牌 CQ3254HTG384 重型自卸货车，装用潍柴 WP10.340E32 型发动机，车辆外廓尺寸为 8475mm×2500mm×3510mm，整备质量为 12090kg，总质量为 25000kg。

初次登记日期为 2014 年 12 月 29 日，车辆已行驶 15652km。该车手续齐全有效，动静态检查车辆技术状况较好，未发现事故痕迹。车辆购买时价格为 298000 元。

根据题意，选用重置成本法评估该车市场交易参考价。

(1) 确定车辆的重置成本 B：

根据市场调查，该车型目前已停产，其改进型新车售价为 28.36 万元，因只是外观改进，可将改进型新车价格作为被评估车辆的重置成本。因评估目的是评估车辆的市场交易参考价，不属于资产评估，故采用非全价重置成本计算。

$$B = 28.36(万元)$$

(2) 确定车辆的年限成新率 C_y：

对于重型货车宜采用双倍余额递减法确定其年限成新率 C_y。

该车规定使用年限为 $G = 10$ 年，已使用年限 $Y = 12 \times 2 + 10 = 34$ 个月，双倍余额递减法年限成新率 $C_y = 66.76\%$（可查表计算）。

(3) 确定综合调整系数 K：

该车技术状况良好，取 $K_1 = 0.9$，维护状况一般，取 $K_2 = 0.8$，制造质量为国产名牌，取 $K_3 = 0.9$，工作性质为营运，取 $K_4 = 0.5$，工作条件一般，取 $K_5 = 0.8$。

$$\begin{aligned} K &= K_1 \times 30\% + K_2 \times 25\% + K_3 \times 20\% + K_4 \times 15\% + K_5 \times 10\% \\ &= 0.9 \times 30\% + 0.8 \times 25\% + 0.9 \times 20\% + 0.5 \times 15\% + 0.8 \times 10\% \\ &= 0.805 \end{aligned}$$

(4) 计算综合成新率 C：

$$C = C_y \cdot K = 66.76\% \times 0.805 \approx 53.74\%$$

(5) 确定评估值 P：

$$P = B \times C = 28.36 \times 53.74\% \approx 15.24(万元)$$

根据计算结果，可以确定该车的市场交易参考价为 15.24 万元。

4. 案例四

2017 年 3 月王某在某二手车市场经朋友介绍购买了一辆二手一汽大众迈腾牌轿车，购买车辆一个月后去 4S 店作维护，工作人员说该车发生过事故。王某说，购买二手车时，卖方承诺没有任何事故，且都是在 4S 店正常维护，怎么可能有事故呢？后王某不放心，找了一家专业的鉴定机构对该车的事故情况及当时购买该车辆的市场交易参考价进行鉴定。假如你是该鉴定机构的评估人员，请根据事故情况确定评估基准日该车的市场交易参考价。

评估过程：

该车为 2015 款大众迈腾 1.8TSI 双离合豪华型（改款）小型客车，初次登记日期为 2015 年 10 月 27 日，手续正常，符合交易条件。

(1) 静态检查：

该车手续齐全有效，前机盖、车顶、右侧 A 柱的漆面厚度漆膜厚度为 $1181\mu m$ 明显高于其他部位，且车顶有明显的事故修复痕迹，如图 3-2、图 3-3 所示。水箱、冷凝器、冷却风扇、车前风窗玻璃、天窗等配件已更换非原厂配件。

图 3-2　车顶整形痕迹

图 3-3　车顶前梁整形痕迹

（2）动态检查：

发动机怠速稳定，但有异响，转向系统漏油。

（3）确定车辆的重置成本 B：

据市场调查，该车型目前已停售，其改进型新车售价为 20.09 万元，属于小改款，可以将改进型新车价格作为评估车辆的重置成本。

$$B = 20.09 \text{ 万元}$$

（4）确定车辆的年限成新率 C_y：

采用双倍余额递减法确定年限成新率。该车平均使用年限为 $G = 15$ 年，已使用年限 $Y = 17$ 个月，成新率 $C_y = 81.85\%$（可查表计算）。

（5）确定综合调整系数 K：

该车技术状况良好，取 $K_1 = 0.9$，维护状况良好，取 $K_2 = 0.9$，制造质量为国产名牌，取 $K_3 = 0.9$，工作性质为私用，取 $K_4 = 1.0$，工作条件较好，取 $K_5 = 1.0$。

$$\begin{aligned} K &= K_1 \times 30\% + K_2 \times 25\% + K_3 \times 20\% + K_4 \times 15\% + K_5 \times 10\% \\ &= 0.9 \times 30\% + 0.9 \times 25\% + 0.9 \times 20\% + 1.0 \times 15\% + 1.0 \times 10\% \\ &= 0.925 \end{aligned}$$

（6）计算综合成新率 C：

$$C = C_y \cdot K = 81.85\% \times 0.925 \approx 75.71\%$$

（7）确定被评估车辆因事故造成的贬值系数 i：

根据事故情况，迈腾车贬值系数取值见表 3-12。

迈腾车贬值系数取值表　　　　表 3-12

序　号	贬值项目	贬值系数
1	全车喷漆质量较差	3%
2	车顶、A 柱、机盖整形	6%
3	更换配件劣质	1%
4	装配质量差	0.5%
合计		10.5%

（8）确定评估值 P：
$$P = B \cdot C \cdot i = 20.09 \times 75.71\% \times (1 - 10.5\%) \approx 13.61（万元）$$
根据计算结果，可以确定被评估车辆的评估值为13.61万元。

实例解析：

（1）以上两个委托项目的评估目的，都是评估二手车的市场交易参考价，按照资产评估的理论，应属于现行市价类型，首先应考虑采用现行市价法，但是，如果当地市场环境不能满足现行市价法的基本条件，也可以考虑借用重置成本法。在以上实例中，被评估车辆在当地的公平、有效市场上一时很难找到相似的参照物，如果勉强找到的参照车辆与被评估车辆之间有较大的差异，不只是计算复杂，而且会造成评估值与实际市场交易价格差异过大，因此评估师也可以借用重置成本法，正确评估二手车的市场交易参考价。

（2）重置成本法既可以评估资产（财产）的内在价值和客观价值，也可以评估社会对该项资产（财产）价值的平均认可量。两者在评估原理上基本相同，但是在估算方法方面有以下区别：改用快速折旧法计算年限成新率，仍用综合调整系数计算综合成新率，重点分析因事故造成的贬值，对于被评估车辆本身存在的较大瑕疵和需要修复才能达到正常使用要求的维修费用应予以扣减，再根据保值率不同、市场供求关系变化等分析确定变现系数，综合分析估算后，最终确定评估值。

（3）特别需要强调的是：在采用重置成本法评估二手车市场交易参考价的估算过程中，需要对市场交易行情、有关的市场信息进行了解并正确把握，对估算结果也应该通过市场调查进行分析验证，必要时予以修正，以期达到评估值与实际市场价格相吻合的目的。

（4）在以上实例中，重置成本取值均采用非全价重置成本，年限成新率均采用快速折旧法中的"双倍余额递减法"，其中的"规定使用年限"为非营运小型轿车15年、大型货车10年，并根据车辆技术状况、使用维护情况确定调整系数，对年限成新率进行调整，得到综合成新率，从而形成符合二手车市场交易价格特征的基本估算值。

（5）在二手车交易市场上，车辆的碰撞损伤情况会对实际交易价格产生较大的影响。在以上的评估实例中，对不足以造成车辆严重贬值的碰撞损伤，采用了估算、扣减修复费用的方法对基本估算值进行调整，对发生过严重碰撞事故、符合事故车贬值损失定义的车辆，则采用了计算贬值损失、在基本估算值中扣减贬值损失的方法，其目的都是为了客观反映事故车辆交易价格的市场表现。

（6）在以上实例中都对被评估车辆的变现系数做出了客观的分析，有必要时可以对基本估算值进一步进行调整，以达到评估值与实际市场交易价格尽可能吻合的目的，在变现系数中权重较大的应为被评估车辆的保值率。保值率的高低，一方面需要参考专业机构发布的数据信息，另一方面也要求评估师实时掌握机动车商品信息，及时了解二手车交易市场上反映出来的价格信息，同时需要一定的经验累积。

（7）需要说明的是，采用重置成本法评估二手车的市场交易参考价的估算过程和方法，是资产评估学理论与机动车专业相结合的具体表现，该方法应用广、易掌握，随着更加深入的理论探讨和经验总结，将会得到普遍的应用，成为现行市价法的重要补充。

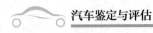

(三)撰写二手车鉴定评估报告示例

二手车鉴定评估报告

×××× 鉴定评估机构评报字(2013年)第××号

一、绪言

××××(鉴定评估机构)接受×××的委托,根据国家有关评估及《二手车流通管理办法》和《二手车鉴定评估技术规范》的规定,本着客观、独立、公正、科学的原则,按照公认的评估方法,对牌号为×××××××的车辆进行了鉴定。本机构鉴定评估人员按照必要的程序,对委托鉴定评估的车辆进行了实地查勘与市场调查,并对其在 2014 年 04 月 04 日所表现的市场价值做出公允反映。现将该车辆鉴定评估结果报告如下。

二、委托方信息

委托方:×××
委托方联系人:×××
联系电话:13×××××××
车主姓名:×××

三、鉴定评估基准日

2013 年 04 月 04 日

四、鉴定评估车辆信息

厂牌型号:思域 DHW7180(civic 1.8)　　牌照号码:×××××××
发动机号:×××××××　　车辆 VIN 码:LVHFA162285014×××
车身颜色:红色　　表征里程:107780
初次登记日期:2008 年 05 月
年审检验合格至:2014 年 05 月
交强险截止日期:2013 年 05 月
车船税截止日期:2013 年 05 月
是否查封、抵押车辆:☑ 是　☒ 否
车辆购置税(费)证:☑ 有　☒ 无
机动车登记证书:☑ 有　☒ 无
机动车行驶证:☑ 有　☒ 无
未接受处理的交通违法记录:☑ 有　☒ 无

使用性质:☒公务用车　☑家庭用车　☒营运用车　☒出租车　☒其他

五、技术鉴定结果

技术状况缺陷描述:<u>发动机舱盖表面有划痕,面积大于100mm×100mm,小于200mm×300mm;右后翼子板有划痕,面积小于或等于100mm×100mm。左后翼子板有划痕,面积小于或等于100mm×100mm;发动机皮带有轻微老化。</u>

重要配置及参数信息:<u>1.8L思域自动挡</u>。

技术状况鉴定等级:<u>一级</u>。

等级描述:<u>具体分数为97分(总分大于或等于90分鉴定为一级)</u>。

六、价值评估

价值估算方法:☑现行市价法　☒重置成本法　☒其他

计算过程:×××××××××××××××
×××××××××××××××
×××××××××××

价值估算结果:车辆鉴定评估价值为人民币<u>80000</u>元,金额大写:<u>捌万元整</u>。

七、特别事项说明[1]

八、鉴定评估报告法律效力

本鉴定评估结果可以作为作价参考依据。本项鉴定评估结论有效期为<u>90</u>天,自鉴定评估基准日至<u>2013</u>年<u>07</u>月<u>03</u>日止。

九、声明

(1)本鉴定评估机构对该鉴定评估报告承担法律责任。

(2)本报告所提供的车辆评估价值为评估基准日的价值。

(3)该鉴定评估报告的使用权归委托方所有,其鉴定评估结论仅供委托方为本项目鉴定评估目的使用和送交二手车鉴定评估主管机关审查使用,不适用于其他目的,否则本鉴定评估机构不承担相应法律责任;因使用本报告不当而产生的任何后果与签署本报告书的鉴定评估人员无关。

(4)本鉴定评估机构承诺,未经委托方许可,不将本报告的内容向他人提供或公开,否则本鉴定评估机构将承担相应法律责任。

附件:

一、二手车鉴定评估委托书

二、二手车鉴定评估作业表

三、车辆行驶证、机动车登记证书复印件

四、被鉴定评估二手车照片(要求外观清晰,车辆牌照能够辨认)

二手车鉴定评估师(签字、盖章)　　　　　　　　复核人[2](签字、盖章)

　　　　　　　　　　　　　　　　　　　　　　　　　　　李四

2013 年 04 月 04 日

　　　　　　　　　　　　　　　　　　　　　　　(二手车鉴定评估机构盖章)

2013 年 04 月 04 日

[1]特别事项是指在已确定鉴定评估结果的前提下,鉴定评估人员认为需要说明在鉴定过程中已发现可能影响鉴定评估结论,但非鉴定评估人员执业水平和能力所能鉴定评估的有关事项以及其他问题。

[2]复核人是指具有高级二手车鉴定评估师资格的人员。

注:1. 本报告书和作业表一式三份,委托方二份,受托方一份。

　　2. 鉴定评估基准日即为《二手车鉴定评估委托书》签订的日期。

模块小结

(1)按照资产评估理论,进行二手车鉴定估价,采用四种基本方法,即现行市价法、收益现值法、清算价格法和重置成本法。

(2)《二手车鉴定评估技术规范》(GB/T 30323—2013)简化了二手车价值评估的基本方法,规定以后的二手车价值评估主要采用现行市价法和重置成本法两种。

(3)估值方法选用原则:

①一般情况下,推荐选用现行市价法;在无参照车辆、无法使用现行市价法的情况下,选用重置成本法。

②根据车辆有关情况,确立估值方法,并对车辆价值进行估算。

(4)现行市价法基本原理:

通过市场调查,选择一个或几个与被评估车辆相同或类似的车辆作为参照车辆,分析参照车辆原有结构、配置、功能、性能、新旧程度、地区差异、交易条件及成交价格等,并与被评估车辆一一比对,找出两者之间的差别以及这种差别反映在价格上的差额,进行适当的调整后,计算出被评估二手车的评估价值。

(5)运用现行市价法确定单台二手车的价值通常采用直接法和类比法。

(6)重置成本法是指以评估基准日的当前条件下重新购置一辆全新状态的被评估车辆

所需的全部成本(完全重置成本,简称重置全价),减去该被评估车辆的实体性贬值、功能性贬值和经济性贬值后的差额作为被评估车辆现时价值的一种评估方法。

(7)成新率是反映二手车新旧程度的指标。二手车成新率是表示二手车的功能或使用价值占全新机动车的功能或使用价值的比率,也可以理解为二手车的现时状态与机动车全新状态的比率。

(8)成新率的计算方法主要有使用年限法、整车观测法、部件鉴定法和行驶里程法等,应根据二手车的新旧程度、技术状况、价值高低等情况合理选择。

(9)在资产评估学中,重置成本的计算方法主要有加合分析法、功能系数法、物价指数法和统计分析法。在二手车鉴定评估活动中,一般采用加合分析法和物价指数法计算重置成本。

(10)二手车鉴定评估报告是评估机构完成评估工作后提交给委托方的公正性工作报告,是评估机构履行评估合同的成果,也是评估机构为资产评估项目承担法律责任的证明文件。

  思考与练习

1. 什么是二手车价值评估?
2. 二手车价值评估方法有哪几种?
3. 什么是现行市价法?
4. 什么是重置成本法?
5. 什么是成新率?成新率的确定方法有哪几种?
6. 现行市价法和重置成本法如何选用?

模块四　事故车鉴定评估

学习目标

1. 能对碰撞事故车进行车况鉴定和价值评估；
2. 能对水淹车进行车况鉴定和价值评估；
3. 能对火烧车进行车况鉴定和价值评估。

建议课时

16课时。

事故车是指由非自然损耗的事故，造成车辆损伤，导致机械性能、经济价值下降的车辆，这是被大众认知的普遍意义上的事故车。但在二手车鉴定评估实践中，则是将遭受严重撞击、水淹、火烧等，即使修复也存在安全隐患的车辆称为事故车。

如果车辆符合下列任何一条，即属事故车：

(1) 经过撞击，损伤到发动机舱和驾驶舱的车辆。
(2) 车身后翼子板撞击损伤超过其总面积1/3 的车辆。
(3) 纵梁有焊接、切割、整形、变形的车辆。
(4) 减振器座有焊接、切割、整形、变形的车辆。
(5) A、B、C柱有焊接、切割、整形、变形的车辆。
(6) 因撞击造成安全气囊弹出的车辆。
(7) 其他不可拆卸部分有严重的焊接、切割、整形、变形的车辆。
(8) 车身经水浸泡超过车身1/2，或积水进入驾驶舱的车辆。
(9) 车身经火焚烧超过 0.5m²，经修复仍存在安全隐患的车辆。

一、碰撞事故车鉴定

(一) 车辆碰撞损伤影响因素

汽车碰撞事故是所有汽车事故中数量最多的一种。影响事故车损坏程度的因素有：

(1)事故车的结构、大小、形状和重量。
(2)被撞物体的大小、形状、刚度和速度。
(3)发生碰撞时的车辆速度。
(4)碰撞的位置和角度。
(5)事故车辆中的乘员或货物的重量和分布情况。

(二)碰撞对不同车身结构的影响

汽车车身既要经受行驶中的振动,又要在碰撞时能够为车上乘员提供安全保障,因此现代汽车的车身被设计成在碰撞时能最大限度地吸收能量,以减少对乘员伤害,如图4-1所示。

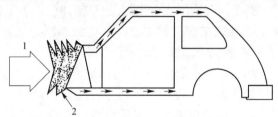

图4-1 碰撞时车身变形吸能
1-碰撞力方向;2-车身变形区

非承载式车身发生碰撞后,可能是车架损伤,也可能是车身损伤,或车架和车身都损伤,如图4-2所示。车架和车身都损伤时,可通过更换车架来实现车轮定位及主要总成定位。承载式车身发生碰撞后通常会造成车身结构件的损伤,如图4-3所示。通常非承载式车身的修理只需满足形状要求即可,而承载式车身的修理不但要满足形状要求,还要满足车轮定位及主要总成定位的要求。所以碰撞对不同车身结构的汽车影响不同,修理工艺和方法也就不同,最终产生的修理费用肯定不同。

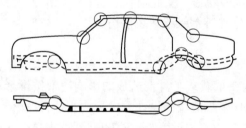

图4-2 非承载式车身

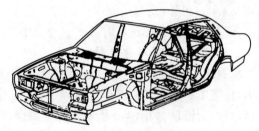

图4-3 承载式车身

1.碰撞造成的非承载式车身变形种类

(1)左右弯曲。侧面碰撞会引起车架左右弯曲或一侧弯曲,如图4-4所示。左右弯曲通常发生在汽车前部或后部,可通过观察钢梁内侧及对应钢梁外侧是否有褶皱来确定。通过发动机舱盖、行李舱盖及车门缝隙错位等情况也能够辨别出左右弯曲变形。

(2)上下弯曲。汽车碰撞产生弯曲变形后,车身外壳会比正常位置高或低,结构上也有前、后倾斜现象,如图4-5所示。上下弯曲通常由来自前方或后方的直接碰撞引起,变形可能发生在一侧也可能是两侧。判别上下弯曲变形时,可查看翼子板与车门之间的上下缝隙是否顶部变窄下部变宽,也可查看车门在撞击后是否下垂。

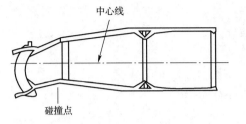
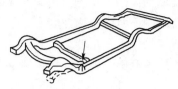

图 4-4　左右弯曲　　　　　　　　图 4-5　上下弯曲

（3）褶皱与断裂损伤。汽车碰撞后，车架或车上某些零部件的尺寸会与原厂提供的技术资料不相符，褶皱与断裂损伤通常伴随出现发动机舱盖前移和侧移、行李舱盖后移和侧移，如图 4-6 所示。有时看上去车门与周围吻合很好，但车架却已产生了褶皱或断裂损伤，这是非承载式车身结构不同于承载式结构的特点之一。褶皱或断裂通常发生在应力集中的部位，而且车架通常还会在对应的翼子板处造成向上变形。

（4）平行四边形变形。汽车一角受到来自前方或后方的撞击力时，其一侧车架向后或向前移动，引起车架错位，使其成为一个接近平行四边形的形状，如图 4-7 所示。平行四边形变形会对整个车架产生影响。目测可见发动机舱盖及行李舱盖错位，通常平行四边形变形还会带来许多断裂及弯曲变形的组合损伤。

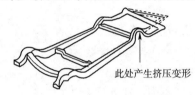
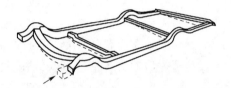

图 4-6　褶皱变形　　　　　　　　图 4-7　平行四边形变形

（5）扭曲变形。当汽车高速撞击到与车架高度相近的障碍物时，会发生扭曲变形，如图 4-8 所示。另外，尾部受侧向撞击时也会发生这种变形。受此损伤后，汽车一角会比正常时高，而相反一侧会比正常时低。应力集中处时常伴有褶皱或断裂损伤。

2. 碰撞对承载式车身的影响

承载式车身能很好地吸收碰撞时产生的能量。发生撞击时，车身由于吸收撞击能量而变形，使撞击能量大部分被车身吸收。撞击能量在承载式车身上造成的影响通常按锥形传递，碰撞点为锥顶，如图 4-9 所示。在受到碰撞时，车身能按照设计要求形成折曲，这样传到车身的振动波在传送时就被大大减小，即来自前方的碰撞应力被前部车身吸收；来自后方的碰撞应力被后部车身吸收；来自前侧方的碰撞应力被前翼子板及前部纵梁吸收；中部的碰撞应力被边梁、立柱和车门吸收；来自后侧方的碰撞应力被后翼子板及后部纵梁吸收。

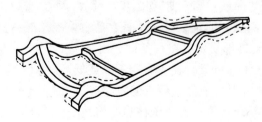
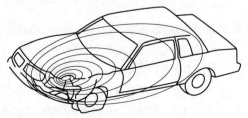

图 4-8　扭曲变形　　　　　　　图 4-9　承载式车身碰撞时能量的锥形传递

(1)前端碰撞。碰撞较轻时,保险杠会被向后推,前纵梁及内轮壳、前翼子板、前横梁及水箱框架会变形;如果碰撞严重,那么前翼子板会弯曲变形并移位触到车门,发动机舱盖铰链会向上弯曲并移位触到前围盖板,前纵梁变形加剧,造成副梁的变形;如果碰撞程度更剧烈,前立柱将会产生变形,车门开关困难,甚至造成车门变形,如果前面的碰撞从侧向而来,由于前横梁的作用,前纵梁也会产生变形。前端碰撞常伴随着前部灯具及护栅破碎、冷凝器、水箱及发动机附件损伤、车轮移位等。

(2)后端碰撞。汽车因后端正面碰撞造成损伤时,往往是被动碰撞所致。如果碰撞较轻,后保险杠、行李舱后围板、行李舱底板可能压缩弯曲变形;如果碰撞较重,C柱下部前移,C柱上端与车顶接合处会产生折曲,后门开关困难,后风窗玻璃与C柱分离,甚至破碎。碰撞更严重时会造成B柱下端前移,在车顶B柱处产生凹陷变形。后端碰撞常伴随着后部灯具等的破碎。

(3)侧面碰撞。在确定汽车侧面碰撞时,分析其结构尤为重要。一般说来,对于严重的碰撞,车门、A柱、B柱、C柱以及车身地板都会变形。当汽车遭受的侧向力较大时,惯性力作用会使另一侧车身变形。当前后翼子板中部遭受严重碰撞时,还会造成前后悬架的损伤,前翼子板中后部遭受严重碰撞时,还会造成转向系统中横拉杆、转向器齿轮齿条的损伤。

(4)底部碰撞。底部碰撞通常因路面凹凸不平、路面上有异物等造成车身底部与路面或异物发生碰撞,致使汽车底部零部件、车身底板损伤。常见损伤有:前横梁、发动机下护板、发动机油底壳、变速器油底壳、悬架下托臂、副梁及后桥、车身底板等损伤。

(5)顶部碰撞。汽车单独的顶部受损多为空中坠落物所致,以顶部面板及骨架变形为主。汽车倾覆是造成顶部受损的常见现象,受损时常伴随着车身立柱、翼子板和车门变形、车窗变形。

(三)汽车碰撞损伤的区位检查法

进行事故车辆的损失评估时,评估人员应该掌握一套科学的损伤检查方法,这对于受损严重的事故车来说尤为重要。评估时如果不遵循规范的检查程序,很容易遗漏一些受损件或维修项目,或者对同一项目重复估损。

"区位检查法"是按碰撞损坏规律把汽车分为五个区位:

一区:车辆直接受到碰撞的部位。
二区:受到间接损伤的车身其他部位。
三区:受到损伤的机械零部件。
四区:乘员舱,包括舱内受损的内饰、灯、附件、控制装置等。
五区:车身外部件和装饰件。
在对事故车定损时,应从一个区位到另一个区位逐处检查,同时按顺序记录损伤情况。

1. 一区——直接损伤区

直接损伤情况因车辆结构、碰撞力度和角度的不同而有所不同。多数情况下,直接损伤会导致板件弯折、断裂和部件损坏。直接损伤直观明了,通常不需要测量。

检查一区时,首先应检查外部装饰件、塑料件、玻璃、镀铬层以及外板下面的金属材料。对于前部碰撞,应检查的项目通常有前保险杠、格栅、发动机舱盖、翼子板、前照灯、玻

璃、前车门、前车轮、油液泄漏等。

对于后部碰撞,应检查的项目通常包括后保险杠、后侧围板、行李舱底板、行李舱盖、后车灯、玻璃、后车轮、油液泄漏等。

对于侧面碰撞,应检查的项目通常包括车门、玻璃升降器、门内饰板、座椅滑动状态、车顶、玻璃、立柱、前车身底板、支撑件、油液泄漏等。

有时需要将事故车举升起来,检查车身底板、发动机支架、横梁和纵梁等的损伤情况。

应当按以下线索或痕迹损伤部位查找:缝隙、卷边损坏、裂开的焊点、扭曲的金属板等。

2. 二区——间接损伤区

车辆碰撞时,碰撞力会沿车身向各个方向传递,从而引起间接损伤。碰撞力扩展和间接损伤的范围取决于碰撞的力度和角度,以及车身纵梁和横梁吸收碰撞力的能力。通常承载式车身的吸能区会在碰撞中产生间接损伤。

动力传动系统和后桥也会引起间接损伤。当汽车由于碰撞突然停止时,质量很大的零部件在惯性力作用下继续前移,对其支座和支撑构件产生强大的惯性力,容易造成相邻金属件变形、划伤或焊点开裂。因此,对于比较严重的事故,一定要仔细检查悬架、车桥、发动机和变速器的支撑点等部位。

3. 三区——机械损坏区

对于前部碰撞的事故车,应检查散热器、风扇、转向助力泵、空调器件、发电机、蓄电池、燃油蒸发碳罐、前风窗玻璃清洗器储液罐以及其他机械和电子元件是否损坏。查看油液是否泄漏、皮带轮是否与皮带对正、软管和电线是否错位以及是否有凹坑和裂纹等。

如果碰撞比较严重,发动机和变速器也可能受损。如果条件允许,应当起动发动机,怠速运转到正常工作温度。举升车辆,使车轮离开地面,在变速器各个挡位间转换,听一听有没有异常的噪声。对于手动挡的车辆,检查换挡是否平顺,离合器的工作是否正常。查看节气门拉索、离合器操作机构和换挡拉索是否犯卡。

打开空调,确保空调运转正常。查看充电、机油压力等仪表板灯和仪表,如果发动机故障灯点亮,说明发动机存在机械或电控故障。但是,估损人员应判断故障码是否在事故之前就已存储在控制电脑中,若不是由事故引起的故障码,其维修费用应当从估损单中扣除。

在完成发动机舱的检查后,举升车辆,进入车辆下面,检查转向和悬架元件是否弯曲,制动软管是否扭绞,制动管路和燃油管路及其接头是否泄漏。检查发动机、变速器、差速器、转向器和减振器是否存在泄漏。将转向盘向左和向右转到底,检查是否犯卡,是否有异常噪声。转动车轮,检查车轮是否跳动和左右摆动,轮胎是否有裂口、刮痕和擦伤。降下车辆,使轮胎着地,转动转向盘,使车轮处于正直向前的位置,测量前轮毂到后轮毂中心的距离,左右两侧的测量值应当符合技术要求,否则,转向或悬架元件有损伤。

4. 四区——乘员舱

乘员舱损坏可能是由碰撞直接引起的(如侧碰时)。而内饰和车内附件的损坏也可能是由乘员舱内的乘客和物品的碰撞能量引起的。

(1)检查仪表板。如果碰撞导致前围板或车门立柱受损,仪表板、暖风机和管道、音响、电子控制模块和安全气囊等有可能受损。所有在三区检查中没有被查看到的元器件都要进行检查。

(2) 检查转向盘是否损坏。查看其安装紧固件、倾斜和伸缩功能、喇叭、前照灯和转向信号灯开关、点火钥匙以及转向盘锁。转动转向盘，将车轮转到正直向前的位置，查看此时转向盘是否对中。对于吸能型转向盘，查看是否已经发生溃缩。

(3) 检查门把手、操纵杆、仪表板玻璃和内饰是否受损。打开、关闭并锁住杂物箱，查看杂物箱是否在碰撞中变形或损坏。检查制动踏板是否变形或松脱等。掀开地毯，查看地板和踢脚板，看铆钉是否松脱，焊缝是否裂开。

(4) 检查座椅是否受损。汽车在前端受到碰撞时，乘客的身体质量会产生较大的惯性力，由于乘客被安全带捆绑在座椅上，所以惯性力可能会对座椅框架、调节器和支撑件产生损害。汽车在后端受到碰撞时，座椅靠背的铰链点可能受到损害。将座椅从最前位置移动到最后位置，查看其调节装置是否完好。

(5) 检查车门的状况。乘客的惯性力可能损坏内饰板件和车门内板。如果发生侧碰，门锁和车窗调节器也可能受损。即使是前端碰撞，车窗玻璃产生的惯性力也可能使车窗轨道和调节器受损。将车窗玻璃降到底后再完全升起，检查玻璃是否犯卡或受干扰。将车窗降下4cm，查看车窗玻璃是否与车门框平齐。查看电动门锁、防盗系统、车窗和门锁控制装置以及后视镜的电控装置等所有附件是否正常。

(6) 检查乘员约束系统。现代汽车大都装备被动式约束系统，应检查安全带是否能够正常扣紧和松开，安全带插舌和锁扣是否完好。对于主动式安全带系统，检查其两点式和三点式安全带是否都能轻松地扣紧和解开。查看卷收器、D形环和固定板是否损坏。有些安全带有张力感知标签。如果安全带在碰撞中磨损，或者安全带的张力超过设计极限，张力感知标签撕裂，就必须予以更换。将安全带从卷收器中完全拉出，就可以看到这个张力感知标签。

(7) 还应当列出车内的非原装附件，如民用无线电装置、磁带播放机、立体声扬声器等。

5. 五区——外饰和漆面

在车身、机械件、内饰和附件都检查完毕之后，再围绕车辆检查一圈，查看并列出受损的外饰件、嵌条、车顶板、轮罩、示宽灯以及其他车身附件。

(1) 打开灯光开关，检查前照灯、尾灯、转向信号指示灯和危险警告指示灯，灯泡的灯丝通常在碰撞力的作用下断裂，如果碰撞时车灯处于点亮状态，灯丝就更容易断裂。

(2) 如果在一区和二区检查中没有查看保险杠，那么现在就应该对保险杠进行检查。查看杠皮和防尘罩是否开裂，吸能装置是否受损，橡胶隔振垫是否开裂。

(3) 仔细检查油漆的状况。记录下哪块油漆必须重新喷涂，并要列出那些需要特别注意的事项，如清漆涂层、柔性塑料件和表面锈迹。板件的轻度损坏可能只需进行局部喷涂，而有些维修项目则需要喷涂整块板件甚至多块板件。无论是哪种情况，都需要考虑新油漆与原有油漆的配色和融合工时。如果事故车的损坏非常严重，或者原有漆面已经严重老化，则可能需要进行整车喷漆。

(4) 检查漆面是否在事故前就已经损坏也是很重要的。这些事故前已有的凹痕、裂缝、擦伤和油漆问题不在保险公司的理赔范围内，其维修费用由客户自行承担。

(四)汽车碰撞损伤的目测检查法

通常碰撞部位能直接显示出结构变形或断裂迹象。目测检查时,应先根据碰撞点位置,估计受撞范围大小及方向,判断碰撞是如何扩散的,然后从总体上查看汽车上是否有扭转、弯曲变形,并确定所有损伤是否由同一事故引起。

碰撞力沿车身扩散,并使许多部位发生变形。碰撞力具有穿过车身坚固部位最终抵达并损坏薄弱部件,扩散并深入至车身部件内的特性。因此,为了查找汽车损伤,必须沿碰撞力扩散的路径查找车身薄弱部位(溃缩区),沿碰撞力扩散方向逐处检查,确认是否有损伤;如果有损伤,还要确定损伤程度。具体可从以下几方面加以识别。

1. 钣金件截面变形

车身设计时,要使碰撞产生的能量能按既定路径传递到指定地方吸收,即车身钣金件有些部位是薄弱环节。撞击时,薄弱环节会产生截面的变形。截面的变形通常通过漆面的变化情况就可以判断。碰撞所造成的钣金件截面变形与钣金件本身设计的结构变形不一样,钣金件本身设计的结构变形处表面油漆完好无损,而碰撞所造成的钣金件截面变形处油漆起皮、开裂。

2. 零部件支架断裂、脱落及遗失

发动机支架、变速器支架、发动机各附件支架是碰撞应力的吸收处,各支架在设计时均有保护重要零部件免受损伤的功能。在碰撞事故中常有各支架断裂、脱落及遗失的现象。

3. 检查车身各部位的间隙和配合

车门是以铰链形式装在车身立柱上的,通常立柱变形会造成车门与门框、车门与立柱的间隙不均匀。还可通过简单地开关车门,查看车门锁与锁扣的配合,从锁与锁扣的配合可判断车门是否下沉,从而判断立柱是否变形,从查看铰链的灵活程度判断主柱及车门铰链处是否有变形。

在比较严重的汽车前端碰撞事故中,还应检查后车门与后翼子板、门槛、车顶侧板的间隙,并进行左右对比,这是判断碰撞应力扩散范围的主要证据。

4. 检查来自乘员及行李的损伤

由于惯性力作用,乘客和行李在碰撞中会引起车身二次损伤,损伤程度因乘员位置及碰撞力度而异,较常见的是转向盘、仪表台、转向柱护板及座椅等被损坏。行李碰撞是造成行李舱中部分设备(如音频功率放大器)损伤的主要原因。

(五)汽车碰撞损伤的普通测量检查法

在评估车身的损伤时通常要参照车身尺寸图对车身的特定点进行测量。图4-10所示为非承载式车身尺寸图,图4-11所示为承载式车身尺寸图。

用钢卷尺或轨道式量规就可以测量各控制点之间的尺寸,与汽车制造商给定尺寸进行比较,从而确定变形程度。如果没有原厂车身规范,可以对一辆完好无损的相同车型进行测量,获得原厂尺寸。另外,如果车辆只有一侧损坏,通常可以对未损坏的一侧进行测量,然后比较这两侧的测量值。测量点最好选择在悬架和机械零件的安装点上,因为这些点对于定位至关重要。应该注意的是:很多原厂车身尺寸手册中给出的尺寸是从轨道式量规杆上读

模块四 事故车鉴定评估

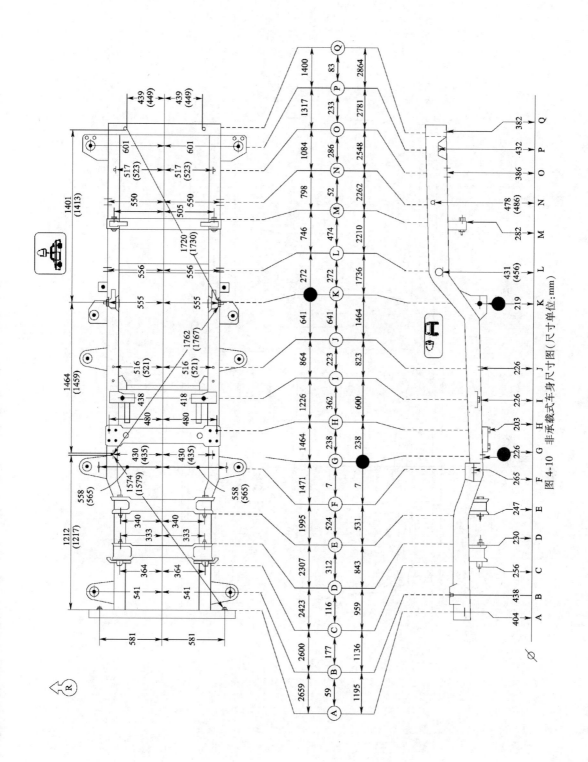

图 4-10 非承载式车身尺寸图(尺寸单位:mm)

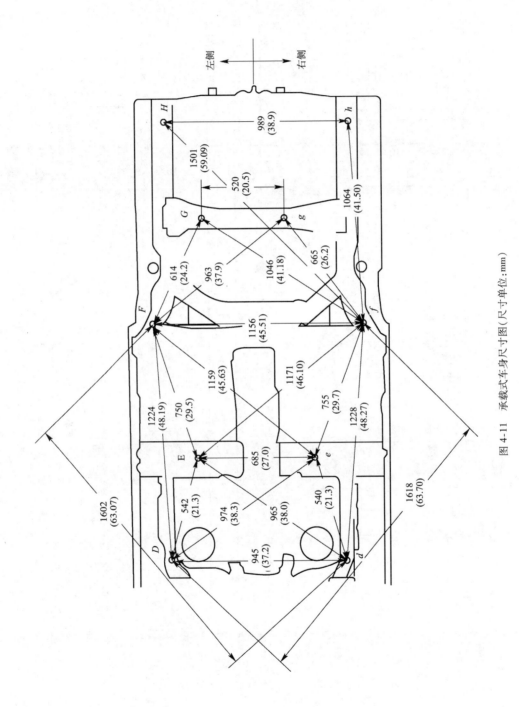

图 4-11 承载式车身尺寸图(尺寸单位:mm)

取的测量值,而不是钢卷尺测量的绝对距离,实际作业时一定要仔细查看手册中的有关说明。

除了底部车身尺寸外,还应测量上部车身尺寸,比如前部车身尺寸、车身侧面尺寸、后部车身尺寸等,其常用测量点分别如图 4-12、图 4-13、图 4-14 所示。

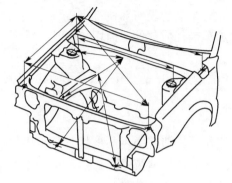

图 4-12　车身前部常用测量点

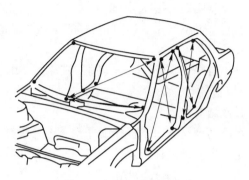

图 4-13　车身侧面常用测量点

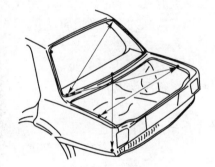

图 4-14　车身后部常用测量点

(六)汽车碰撞损伤的三维测量检查法

汽车发生碰撞事故引起的车身结构变形除了用普通的量具和一般的轨道式量规测量以外,还可以用更先进的汽车车身三维电子测量系统进行检测。这些测量设备的主要品牌有瑞典的卡尔拉得、美国的汽福和黑鹰等,他们都有强大的车身结构三维尺寸数据库,能对车身底部和车身上部测量点的三维数据进行精确测量,测量精度可达 3mm,是今后车身测量的发展方向。

二、水淹事故车鉴定

汽车被水浸泡会造成不同程度的损伤,特别是水进入驾驶舱可能会造成车辆的更大损坏。了解水灾对汽车技术状况的影响,以及如何采取合理的方法处理,是二手车鉴定评估师应该了解和掌握的。

(一)汽车水灾损失影响因素

1. 水的种类

评估水淹汽车损失时,通常将水分为淡水和海水。同时,还应该对水的混浊情况进行认真了解。多数水淹损失中的水为雨水和山洪形成的泥水,但也有由于下水道倒灌而形成的浊水,这种城市下水道溢出的浊水中含有油、酸性物质和各种异物。这些物质对汽车的损伤各不相同,必须在现场查勘时仔细检查,并做好准确记录。

2. 水的特性

水没有固定的形状,因此无孔不入,只要有缝隙,车辆的任何部位都可以到达,水的导电性可引起车辆电气系统的短路,水的腐蚀性可造成车辆任何部件的损坏和失效。

3. 暴雨认定

每小时降雨量达 16mm 以上,或连续 12h 降雨量达 30mm 以上,或连续 24h 降雨量达 50mm 以上的称为暴雨。

4. 水淹高度

水淹高度是确定水损程度非常重要的参数,水淹高度通常不以高度作为计量单位,而是以汽车上重要的具体位置作为参数。以轿车为例,水淹高度通常分为 6 级:

1 级——制动盘和制动毂下沿以上,车身地板以下,乘员舱未进水。

2 级——车身地板以上,乘员舱进水,而水面在驾驶员座椅坐垫以下。

3 级——乘员舱进水,水面在驾驶员座椅坐垫面以上,仪表台以下。

4 级——乘员舱进水,仪表台中部位置。

5 级——乘员舱进水,仪表台面以上,顶篷以下。

6 级——水面超过车顶,汽车被淹没顶部。

5. 水淹时间

水淹时间(t)的长短对汽车所造成的损伤差异很大。水淹时间以小时为单位,通常分为 6 级,见表 4-1。

水淹车等级划分　　　　　　表 4-1

等级	1	2	3	4	5	6
时间(h)	$t \leq 1$	$1 < t \leq 4$	$4 < t \leq 12$	$12 < t \leq 24$	$24 < t \leq 48$	$t > 48$

(二)汽车水灾损失鉴定

1. 水淹高度为 1 级时的损失鉴定

当汽车的水淹高度为 1 级时,可能造成的受损零部件主要是制动盘和制动毂。损坏形式主要是生锈。生锈的程度主要取决于水淹时间的长短以及水质。通常情况下,无论制动盘和制动毂的生锈程度如何,所采取的补救措施主要是四轮的维护。因此,当汽车的被淹高度为 1 级,被淹时间也为 1 级时,通常不计损失,被淹时间为 2 级或 2 级以上时,水淹时间对损失金额的影响也不大,损失通常为 0.1% 左右。

2. 水淹高度为 2 级时的损失鉴定

当汽车的水淹高度为 2 级时,除造成 1 级水淹高度时所造成的损失以外,还会造成以下损失:四轮轴承进水,全车悬架下部连接处因进水而生锈,配有 ABS 的汽车轮速传感器失准,地板进水后车身地板如果防腐层和油漆层本身有损伤就会造成锈蚀,少数汽车将一些控制模块置于地板上的凹槽内(如上海大众帕萨特 B5),会造成一些控制模块损毁(如果水淹时间过长,被淹的控制模块有可能彻底失效)。损失通常为 0.5% ~2.5%。

3. 水淹高度为 3 级时的损失鉴定

当汽车的水淹高度为 3 级时,除造成 2 级水淹高度所造成的损失以外,还会造成以下损失:座椅受潮和污染,部分内饰受潮和污染,真皮座椅和真皮内饰损伤严重。一般说来,水淹时间超过 24h 以后,还会造成:桃木内饰板分层开裂,车门电动机进水,变速器、主减速器及差速器可能进水,部分控制模块被水淹,起动机被水淹,中高档车行李舱中 CD 换片机、音响功放被水淹。损失通常为 1.0% ~ 5.0%。

4. 水淹高度为 4 级时的损失鉴定

当汽车的水淹高度为 4 级时,除造成 3 级水淹高度所造成的损失以外,还可能造成以下损失:发动机进水,仪表台部分音响控制设备、CD 机、空调控制面板受损,蓄电池放电、进水,大部分座椅及内饰被水淹,音响的喇叭全损,各种继电器、熔断器盒可能进水,所有控制模块被水淹。损失通常为 3.0% ~ 15.0%。

5. 水淹高度为 5 级时的损失鉴定

当汽车的水淹高度为 5 级时,除造成 4 级水淹高度所造成的损失以外,还可能造成以下损失:全部电器装置被水浸泡,发动机严重进水,离合器、变速器箱、后桥可能进水,绝大部分内饰被浸泡,车架大部分被浸泡。损失通常为 10.0% ~ 30.0%。

6. 水淹高度为 6 级时的损失评估

当汽车的水淹高度为 6 级时,汽车所有零部件都受到损伤。损失通常为 25.0% ~ 60.0%。

(三) 水淹事故车的鉴别方法

(1) 检查发动机舱内的照明灯和信号灯组的固定脚架是否断裂或松脱。检查电线接头及插座,如果内有大量泥沙或附着有锈斑,表明可能为水淹车。

(2) 检查保险杠减振材料和防撞钢梁之间,如果有大量泥沙或锈斑,则表明可能为水淹车。

(3) 检查隔音棉及发动机舱盖,如隔音棉与舱盖之间有较多泥沙,且发动机舱盖螺栓有拆卸痕迹,但隔音棉无拆卸痕迹,则表明可能为水淹车。

(4) 检查水箱及空调散热器,散热片缝隙中如有大量泥浆,则表明可能为水淹车。

(5) 检查仪表台里面各部件,如有泥沙、水渍痕迹则表明可能为水淹车。

(6) 检查乘员舱饰板内侧及底板表面,如有泥沙、水渍和锈蚀痕迹则表明可能为水淹车。

(7) 车身各死角也是判定是否为水淹车的关键部位。

(四) 汽车发生水淹的处理

车辆进水后,如不采取合理的方法处理,会造成更大的损失。因此,一旦出现车辆进水,应采取以下措施。

1. 尽快脱离水域

全车断电,脱离时将变速器置于"空挡",以免反拖时发动机运转,导致活塞、连杆、汽缸等处的损坏加剧。

2. 严禁水中起动汽车

汽车因进水熄火后,绝对不能抱着侥幸心理贸然起动,否则会造成发动机进水,引起发动机的机件损坏。当汽车被水浸入时,应马上熄火,及时求援并拨打报案电话。实践证明,大多车辆在水中熄火后,再次尝试起动发动机的驾驶人大约占到90%。

3. 及时拆检

对电控单元、音响、仪表、继电器、电动机、开关等电器设备进行排水、清洗并风干,避免因进水引起电器件氧化、锈蚀、短路。现代汽车,特别是乘用车的设计,电气系统与电气设备众多,多以电控单元的形式出现,所有的电控单元多以印刷电路为主。雨水呈酸性,对印刷电路具有一定的腐蚀性,氧化锈蚀会损坏电路板。

4. 检查发动机汽缸内(燃烧室)是否进水

将火花塞/喷油嘴全部拆下,转动曲轴,如汽缸进了水,则从火花塞螺孔处会有水流出,如转动曲轴时感到有阻力,说明发动机内部机件可能损坏,如连杆弯曲或断裂。此时勿用工具强行转动,应查明原因,排除故障,否则会扩大损失。

5. 查看机油

抽出机油尺,查看机油量和颜色,如机油量增多了,颜色呈乳白色或有水珠,说明机油里已进入水,要将润滑油全部放掉,清洗发动机后更换新的润滑油。

6. 润滑汽缸

如果机油检查未发现有异常,可向汽缸内注入少量机油(10~15mL),转动曲轴数次,以润滑汽缸壁。

7. 清理变速器内部

对手动变速器(MT)应将齿轮油放出,对内部进行清洗,然后更换新的齿轮油,对自动变速器(AT、CVT、DCT/DSG),如果进水较轻,可用专用换油机循环换油,直至无乳化现象。进水较重者,则需要对变速器解体、清洗、检测,内部配件如有损坏则要更换新件,最后更换新变速器油。

8. 全车维护

整车被水浸泡,除按以上排水方法进行处理外,还要对全车进行维护。全面检查、清理进水部位,通过除锈、润滑、紧固等方式,恢复汽车性能。

9. 发动机排气系统排水

排气系统主要机件有三元催化器、氧传感器和消声器。排气系统进水后,造成发动机排气不畅、排气背压增大,影响发动机的性能。应对三元催化器、消声器进行清洗和烘干,对氧传感器进行清洗、烘干并检测。

(五)汽车水灾损失分析

车辆水淹事故通常分为两种:静态——停放时被水侵入甚至淹没,动态——行驶时发动机汽缸因吸入水而熄火,或在强行涉水未果、发动机熄火后被水淹没。

1. 静态进水损坏

静态下,如车内浸水,会造成内饰、电路、空滤器、排气管等部位受损,有时汽缸内也会进水。即使不起动发动机,也会造成内饰浸水、电路短路、空滤器、排气管和发动机浸水生锈等,电喷发动机因短路会造成无法着火,如强行起动,极有可能导致损坏。

2. 动态发动机缸内进水问题

动态条件下进水,由于发动机转速不同、车速不等、进气管口安装位置有别、汽缸吸入水量不一等,所造成的损坏不同,车辆高速时发动机吸入水,有可能导致连杆弯曲、折断、活塞破碎、缸体被连杆捣坏等故障。

3. 进水导致自然熄火问题

因进水导致自然熄火,虽然没有再次起动发动机,也将相关零部件进行了清洗,但个别车辆运行一段时间后,又出现了"捣缸"恶性事故。这是因为发动机进水后造成了连杆的轻微弯曲,修理人员没有仔细测量或疏忽大意,致使车辆运行过程中连杆一直受附加的交变应力作用,当弯曲部位达到疲劳极限时,就会发生断裂从而造成"捣缸"事故,并且这种情况相当普遍,应引起高度重视。

(六)汽车水灾主要部件的鉴定

水灾事故损失主要部件有:发动机、变速器、驱动桥、电子电器、装饰件、车身、涂层。水淹高度达到 5 级以上时,这些部件都有可能损坏。

1. 发动机

检查缸内(燃烧室)是否进水:将火花塞/喷油嘴全部拆下,转动曲轴,如汽缸进了水,则从火花塞螺孔处会有水流出。如转动曲轴时感到有阻力,说明发动机内部机件可能损坏(如连杆弯曲),勿用工具强行转动,要查明原因,排除故障,以免扩大损失,拔出油尺查看机油油量和颜色,如油量增多且呈乳白色或有水珠,说明发动机进水。汽车因进水熄火后,鉴定时绝对不能贸然起动,否则会造成发动机进一步损坏。

2. 变速器、驱动桥

检查变速器、驱动桥内是否进水:变速器油、驱动桥油是否有乳化现象。特别是自动变速器进水,可能会造成离合器摩擦片的脱落、阀体锈蚀,电磁阀、传感器的损坏,清洗也比较复杂,需用专用设备,且更换需要的自动变速器油量要比正常维护时多得多。

3. 电子电器

(1)电动机、开关、熔断器盒、继电器、电磁阀、传感器、执行器水淹后,主要表现为阻值变化。对其清洗烘干并进行测量,以判断该电器元件是修理还是更换。

(2)电控单元,如车上的发动机、变速器、转向机、ABS、SRS、车身等控制电脑一旦进水,如果及时清洗可能不会损坏,但如果水是酸性或碱性的,电控单元很难保全,通常需要更换。

(3)电缆线束,如高压线、信号线、CAN 线、屏蔽线、高压线、搭铁线等,水淹潮湿、端子锈蚀后,应对其清洗烘干并进行测量,以判断该电缆线束是修理还是更换。

(4)装饰件。装饰件水淹,如不及时处理,会造成其变色、变形、起泡、污染、霉变等。应及时进行拆检、清理、平整、烘干或晾晒,皮质装饰件还要上蜡,否则会使损失扩大。

(5)车身涂层。车身水淹后,车身锈蚀部位会在水的酸碱作用下发生电化学反应,造成该部位进一步被锈蚀,漆面也会因为水的酸碱性和泥沙而出现老化。车身清理后,要及时做防腐处理和漆面的上蜡保护。

有些底盘部分零部件水淹后也会出现损坏,如轮毂轴承、悬架球头、传动轴万向节以及排气系统的三元催化器等,在鉴定过程中也要仔细检查,以确定损失。

三、火烧事故车鉴定

无论是自燃还是外燃,只要是发动机舱或车厢发生严重火烧,燃烧面积较大、机件损坏

严重的机动车都称为过火车辆。车辆严重过火,车身结构件就会出现退火变软,机械部件烧损变形,电器元件烧熔,因此过火车辆一般都作报废处理,但对局部过火,只有个别非重要零部件损坏,并且救援及时,主要部件未受损伤,经修复后不影响车辆安全性能,这样的车辆不能定为过火车辆。

(一)汽车火灾分类

通常按车辆损坏程度分为整体燃烧和局部烧毁。

1. 整体燃烧

整体燃烧是指:发动机舱内线路、电器、发动机附件烧损,驾驶舱内仪表台、内装饰件、座椅烧损,机械件壳体烧融变形,车体金属(钣金件)件脱炭(材质内部结构发生变化),表面漆层大面积烧损,这种情况下的汽车损坏通常是非常严重的。

2. 局部烧毁

局部烧毁分三种情况:

(1)发动机舱着火造成发动机前部线路、发动机附件、部分电器、塑料件烧损。

(2)车身壳体或驾驶室内着火,造成仪表台、部分电器、装饰件烧损。

(3)货运车辆货箱着火。

(二)汽车发生火灾的因素

汽车发生火灾离不开三要素:火源、可燃物、助燃剂。大气中的氧气提供了充足的助燃剂,引起火灾的火源和可燃物有很多,因此汽车起火的原因也不同,只有充分了解引起汽车火灾的火源和可燃物才能正确判定起火原因。

1. 火源

按火源类型可分为明火源、电气火源、炽热表面、机械故障和遗留火种。

(1)明火源。能够引发车辆火灾的明火源有:外来火源,发动机漏电,热辐射,车用可燃液体泄漏后被点燃,排气系统热辐射,机械事故摩擦生热。

(2)电气火源。能够引发汽车火灾的电气火源有:导线一次短路、负荷过载等故障。汽车导线及用电设备电路连接器的接插件发生接触不良、局部过热等电热故障;汽车电器设备使用不当或发生故障,如点烟器、座椅加热器以及柴油发动机预热器等;汽车用电设备产生电火花具有点燃可燃气体并引发火灾的可能。

(3)炽热表面。炽热表面不仅能够点燃滴落于其上的可燃液体,而且能够烤燃周围的可燃物。汽车的炽热表面有:三元催化转换器,涡轮增压器,排气歧管,其他排气装置。

(4)机械故障。能够引发汽车火灾的机械故障有:汽车行驶过程中,运转的零部件之间发生干涉摩擦产生火花,点燃可燃气体引发火灾;汽车行驶过程中,零部件与路面发生的刮擦碰撞产生火花,点燃可燃气体引发火灾;传动皮带、轴承和轮胎可因摩擦生热起火。

(5)遗留火种。能够引发汽车火灾的遗留火种有:烟头接触到座椅材料,能够引发火灾;未熄灭的火柴,能够点燃烟灰缸内的堆积物并引发火灾;车内一次性打火机,受热后发生爆炸等故障,能够引发火灾。

2. 可燃物

按可燃物的状态可分为:液气可燃物、固体可燃物。

(1)液气可燃物。天然气、压缩天然气、燃油料蒸气、汽油、柴油、机油、齿轮油、变速器油、助力油、液压油、制动液等。

(2)固体可燃物。车用塑料,如内饰板、灯罩、绝缘外皮等;车用橡胶,如轮胎、密封制品、减振制品、胶管、胶带等;车用织物,如坐垫、毛毡垫、防水篷布等;涂料(油漆涂层),低熔点金属,如铝及其合金等。

(三)火灾事故车的鉴别方法

在二手车鉴定评估过程中,识别火灾事故车是一件很困难的事情。这里仅介绍几点鉴别火灾事故车的技巧。

(1)检查驾驶舱内有无刺鼻气味、是否有烧焦的味道;检查内饰、地板有无过火痕迹;检查漆面是否完好。

(2)检查发动机舱内外是否有重新喷漆的痕迹,检查发动机舱死角是否有熏黑的痕迹。仔细检查车身,重点观察车门和前后翼子板外表面是否有重新喷漆的痕迹。

(3)检查发动机舱盖内衬、防火墙、防火墙内衬有无火烧或熏黑痕迹,再仔细检查发动机电器部件是否有大量更换现象。

(4)检查发动机和车身线束是否有更换、局部有无火烧痕迹;如果更换过线束,再仔细检查线束接口是否与原厂线束一致,以及有无瘤状及熏黑痕迹,从而判断车辆火灾的发生情况。

(5)检查发动机舱和驾驶舱内的熔断器盒,如果被更换或者上面有熏黑的痕迹,就应怀疑是火灾事故车。

(6)检查驾驶舱的内饰是否有整体大量更换迹象。内饰主要指地板、座椅、中控台等有塑料和真皮的地方。如果车内火灾不算太严重,卖主通常不会对这些地方进行太细致的处理,这时候往往就会留下细微熏黑的痕迹或烧焦后的瘤状残迹,只要用心观察就能分辨。

(7)检查行李舱的内饰是否有整体大量更换迹象。

由于火灾事故车的车身强度有很大下降,故障率很高,其价值影响很大,所以鉴定评估二手车要特别警惕火灾事故车。

(四)火灾事故车起火原因鉴定

车身壳体与汽车内部燃烧残留痕迹和损伤痕迹,常用于起火点的确定和火灾原因的认定,证人证言,实验室的技术鉴定报告,机械故障或电气故障的维修记录,生产厂家的召回通知等,都有助于汽车火灾原因的认定。

1. 现场勘验

(1)环境勘验。保护现场,观察火灾现场全貌。汽车周围的建筑物、公路设施、植被情况、风向、汽车的停放状态、轮胎留下的痕迹等。观察汽车车身燃烧痕迹,根据上述物体的燃烧残留,分析并确定火灾蔓延的方向。

(2)车辆勘验。

①识别车辆。

通过车辆识别代码(VIN)和铭牌,准确确定车辆的制造商、产地、车身类型、结构、发动机类型、特殊配置、年款、装配厂和生产序列号等信息。

②综合勘验。

A. 按照烧损最轻至烧损最重的顺序,确定起火部位,对汽车进行更为细致的勘验,继而确定起火点的具体位置。

B. 针对性地对火灾涉及的系统进行勘验,确定其烧损状态,分析能够引发火灾的各种因素。

C. 相同类型车辆对比或者查阅相关资料,以确保对各个环节都进行勘验。

③勘验汽车各个系统。

A. 发动机。发动机故障导致的火灾有如下几种。

机械故障:发动机部分零部件或某个零件从工作位置高速飞出(如"捣缸"),润滑油从机械故障形成的破洞中泄漏,并且被炽热表面点燃。

润滑油泄漏:润滑油泄漏滴落在排气管上引发火灾,停车后润滑油的泄漏也可能导致汽车火灾,发动机内缺少润滑油,导致机械零件高温和突然失效,能够引发火灾。

发动机过热:发动机风扇的传动皮带断裂,导致发动机过热,并引发火灾。

燃料供给系统:燃油管、燃气管路、喷油泵、喷油器、分配器、减压阀或燃料供给系统某一部位出现泄漏点后,泄漏的燃料从破损的微孔喷雾形成蒸气,遇到明火和炙热高温,就会发生火灾。

涡轮增压器:涡轮增压器是整个发动机系统温度最高的部位,其产生的热量可以点燃与之接触的燃油或其他可燃物,涡轮增压器漏油,可导致其工作温度进一步升高,泄漏出的燃油可被点燃并引发火灾。

排气系统:排气歧管和三元催化器处的温度在343℃以上,遇到燃料、润滑油和液压油能够引发火灾。

B. 汽车电气系统。电气系统导致的火灾有:

汽车受到冲撞后,铅酸蓄电池外壳破损并释放氢气,能够被微弱的火源点燃。但是,炽热表面很难点燃氢气。

汽车停车或者点火开关关闭之后,汽车仍有部分电器电路带电(如起动机、发电机、冷却风扇),并且存在发生电气故障并引发火灾的危险性。

C. 传动系统。传动系统导致的火灾主要发生在变速器上。

变速器液面过高,油液外溢滴落到排气系统上引发火灾。

自动变速器传动液泄漏并滴落到排气系统上引发火灾。

超载,温度过高,造成喷溅引发火灾。

D. 制动系统。制动系统导致的火灾主要有:

液压制动系统在高压条件下工作,微小的泄漏能导致制动液喷溅,并能被火源点燃;制动过载,制动片与制动鼓过热引燃轮胎,从而引发火灾。

E. 附属设备。空调压缩机、转向助力泵、空气压缩机和真空泵等,这些设备都会在发生机械故障时产生高温和火星,也同样存在引发车辆火灾的可能。

④起火点的勘验。

A. 起火点在汽车内部的勘验。起火部位在汽车内部,应对起火点附近的汽车火灾痕迹进行勘验。

a. 勘验油料泄漏痕迹。主要检查部位：

检查油箱状态，记录加油管状态，检查供油管和回油管状态，检查润滑油、传动液、转向助力液的容器及连接管路状态，确定过热燃烧或泄漏到排气管或排气歧管上形成的炭化痕迹。

b. 勘验电路的电气故障。主要检查下列痕迹：

汽车用电设备导线的熔痕，导线和用电设备接插件的熔痕，周围金属件的熔痕，用电设备内部电气连接件的熔痕，熔断丝、熔断丝规格，蓄电池极柱与电源线连接件的接触痕迹。

c. 检查开关、手柄和操纵杆的位置。主要检查下列位置：

检查并记录驾驶室内各开关的位置，确定开关是否处于"接通"状态，确定门窗玻璃开闭状态。重点确定玻璃是机械力破坏造成的炸裂，还是明火燃烧所造成的炸裂，并观察窗玻璃炸裂的形状、烟熏程度、玻璃落地位置，变速器操纵杆的挡位，检查点火开关的位置。

d. 检查发动机、排气系统机件附近有无可燃物，可燃物的炭化物痕迹。

e. 检查遗留火种。遗留火种主要有：

烟头（中心点温度800℃），起火点多在驾驶舱或储物盒内的可燃物上，具有"阴燃"起火的特征。玻璃一侧烟熏严重且烧熔，起火后燃烧严重的部位是上部；打火机，检查仪表板上、驾驶室座椅上下部等，是否存在一次性打火机的残留物。

f. 检查车内携带的危险品。汽车火灾还涉及轿车的行李舱、货车车厢、客车行李舱等。确定起火部位在这一区域后，应当确定储物区域内存放的物品，并对燃烧残留物进行勘验。从而确定该部物品是否存在火灾风险并引发火灾。

B. 起火部位在汽车外部的勘验。人为放火、排气系统机件烤燃地表可燃物、轮胎过热等原因引发汽车火灾后，火灾的起火部位大都在汽车外部，需对相关部位进行全面勘验，并准确认定汽车火灾原因。

a. 人为放火。放火者通常使用助燃剂，在轮胎附近、车顶盖上、驾驶室内以及行李舱内等处实施放火，使用助燃剂的放火火灾，具有猛烈燃烧的特征。短时间内，大量的热能导致玻璃在没有形成烟尘积炭前就开始破碎或熔化，且烟熏轻微。故确定起火点之后，在其附近提取物证。对玻璃烟尘、车身烟尘、炭化残留物及地面泥土等物证进行检测，确定汽车火灾是否是由放火引起的。

b. 排气系统机件处起火。应当检查汽车底盘下地面存在的可燃物及燃烧的情况。干草、干树叶或其他易燃物，接触到过热的排气管或催化转化器后能够被点燃。

c. 轮胎过热起火。汽车下坡过程中长时间使用制动，其制动鼓过热从而引发轮胎起火；双轮胎并装货车，两条轮胎同时气压不足或其中一条轮胎爆裂后继续行驶，两轮胎之间或轮胎和路面之间摩擦引发轮胎起火。需对轮胎部位的燃烧痕迹进行详细勘验，以确定起火原因。

2. 汽车火灾现场记录

(1) 勘验记录。绘制现场简图：能准确地表示出汽车发生火灾时的位置；标明目击者位置及其与车辆的距离;把勘验笔录按照汽车零件及其系统分类;记录散落的零部件及残留物位置和状况;记录反映出火灾蔓延的方向、起火部位和起火点特征;汽车各部位及周围物体的燃烧残留痕迹。

(2)调查询问。分别对驾驶员、乘客、目击者等进行独立调查询问,从中获得有助于现场勘验的信息。为获得火灾发生前汽车状况的相关信息,火灾调查人员应当向驾驶员或车主询问以下问题:

最后一次行驶的时间及行驶距离、总里程数;运转是否正常(失速、电气故障);最后一次维护的情况(换油、维修);最后一次加油的时间及汽车油量;停车的时间和地点;是否加装或改装。

如果是行驶过程中起火,应补充询问以下问题:

已经行驶的距离、行驶的路线;是否装有货物、是否加挂其他车辆;车辆运转是否正常;在何时、从何处先出现异味、烟或火焰;行驶过程中有何症状;驾驶员当时的行为;观察到的现象;采取何种措施进行扑救及如何扑救;消防人员到达之前火灾持续燃烧的时间;火灾燃烧的总时间。

(3)现场拍照。拍摄现场全景照片和细目照片:对汽车火灾现场进行拍照;将车辆拖走之后可对地面进行拍照;应当从不同的角度,拍摄汽车车身、底盘及车厢内部全貌照片,能够反映火灾蔓延方向、起火部位及起火点特征的照片;在清理过程中应拍照,以便记录各个物品的原始位置;先整体、后局部、分角度、拍细目。

3. 物证提取和鉴定

提取可确定起火原因的汽车火灾物证,包括:烟尘、炭化物;外来易燃液体及容器;车内储存的火灾危险品;泄漏的油品;带有熔痕的导线;用电设备;失效的零件。

4. 汽车火灾原因认定

汽车火灾原因认定基本条件:分析火灾蔓延方向,确定起火部位及起火点;根据实际火灾情况收集、提取相关的物证,并进行必要的物证鉴定;综合现场勘验和物证分析的情况,认定汽车火灾的原因。

(1)电气故障原因认定的条件。根据火灾燃烧痕迹特征,经现场勘验和调查询问等工作,确定起火部位;起火部位大多在发动机舱或仪表板附近。如在起火部位发现电气线路或电气设备发生故障,并提取到相关金属熔痕等物证;物证经专业火灾鉴定机构鉴定分析,结论为一次短路熔痕或火灾前电热熔痕,如图4-15所示;结合火灾现场实际情况,从而排除其他汽车火灾的可能性。

(2)油品泄漏原因认定的条件。通常情况下汽车处于行驶状态,发动机舱内油品燃烧后残留的烟熏痕迹较重,同时起火初期大多数情况下冒黑烟。某当事驾驶人反映汽车起火前动力有不正常现象;起火部位可以确定在发动机舱内或底盘下面;在发动机舱内重点过热部位,如发动机缸体外壁、排气歧管、排气管等,发现有机油、柴油、ATF等油品燃烧残留物黏附其表面,同时找到存在的泄漏点。

经现场勘验,在发动机舱内未发现有电气线路或电气设备的故障点,或者存在相关电气物证,物证鉴定结果均为二次短路熔痕,如图4-16所示;结合现场勘验和调查询问情况,可以排除放火等人为因素引发火灾的可能性。

图 4-15 一次短路熔痕　　　　　　　图 4-16 二次短路熔痕

（3）放火原因认定的条件。根据火灾燃烧痕迹特征，经现场勘验和调查询问，基本可以确定起火部位。起火部位通常在车外；存在一个或多个起火点，且大都在驾驶舱内、发动机舱前部、前后轮胎、油箱附近等。某车发生火灾，经调查询问等工作，发现有骗保或报复因素；在起火部位附近有选择地提取相关物证，如窗玻璃附着烟尘、车体外壳附着烟尘、炭化残留物、地面泥土烟尘、可疑物品残骸以及事发现场附近墙壁、树干、隔离带等表面附着的烟尘等；再经专业机构检测分析，结果为存在汽油、煤油、柴油或油漆稀释剂等助燃剂或燃烧残留成分，且分析结果为助燃剂含量较大。通过专业机构检测、现场勘验和技术分析，排除汽车自身油品引起的火灾。

（4）遗留火种原因认定的条件。遗留火种主要指烟头。通过调查询问车内人员的吸烟习惯以及从离开车辆至起火的时间，再经现场勘验，就可以确定起火部位。起火部位绝大多数在驾驶舱内，对于货车，可能在储物舱内。某车发生火灾，经现场勘验，在发动机舱内未发现有电气线路或电气设备的故障点，或者存在相关电气物证，在起火部位存在阴燃起火特征，且有局部燃烧炭化严重现象；可以排除人为因素起火的可能性。

5. 特殊情况下的火灾认定

（1）勘验移离现场的汽车火灾。在勘验前，应当尽量收集火灾现场的相关信息，包括汽车移走的日期、时间、地点，驾驶人、乘客和目击者的笔录，汽车当前的存放位置和被移走的方式等。

汽车零件如果缺失，就应当确定该零件是在火灾发生前已经缺失，还是在火灾发生后掉落缺失的。

过火车辆受环境的影响较大，特别是金属表面的痕迹容易发生氧化。存放发生火灾的汽车时，应当用帆布或其他毡布遮盖整个汽车。

在勘验汽车之后，应当对汽车火灾现场进行勘验。

（2）勘验专用汽车火灾。专用汽车包括消防车、救护车、汽车吊车、矿山开采用车、林业用车及大型农用车等满足专业作业要求的汽车。

专用汽车除存在普通汽车发生火灾的可能性之外，其特有的结构也存在发生火灾的危险性。除常规勘验之外，还应当了解该汽车特殊构造及其工作原理，分析各种火灾的危险性。

四、事故车价值评估

近几年，一方面机动车性能提高，保有量激增，另一方面城乡道路建设相对滞后，特别是城市道路拥挤不堪,由两者发展不平衡而引发的直接后果之一就是交通事故频发,重大事故不断,车辆碰撞造成的损失惨重。

(一)事故车的贬值

车辆因交通事故会产生贬值,其贬值包括实体性贬值、经济性贬值和功能性贬值三部分,但对市场交易价格影响最大的是实体性贬值和经济性贬值。事故车的贬值程度主要取决于车辆价值、损害程度、维修质量,见表4-2。事故车贬值的幅度相当宽泛,从负贬值(溢值)到严重贬值都有可能,另一个原因是评估车辆未发生事故前的价值时,很难有一个精确值。无论是采用现行市价法、还是采用重置成本法计算,都会因地域不同、市场供需关系不同、评估师及交易双方技术和经验的不同而出现差异,或者说出现一个价格浮动区间。

形成贬值和影响贬值的主要因素　　　　表4-2

车辆价值	重置成本和使用年限
	品牌价值和保值率
	技术状况和使用强度
	发生事故情况
损伤程度	事故严重程度:低强度事故,中等强度事故,高强度事故
	损坏部位:骨架,外观件和非重要部件,关键部件和重要部件
	修复难度:安装基准或尺寸基准损坏,修复后材料性能降低
修复质量	修复工艺:以换件修复为主,换件整形修复,以整形修复为主
	配件质量:全部正厂件,少部分替代件,替代件为主
	维修条件:4S店或专修厂,条件较好的维修厂,条件较差的维修点

(二)事故车贬值特点

从表4-2可以看出,造成事故车贬值的因素很多,而影响贬值的主要因素又各不相同,因此,在实际评估工作中会出现相当宽泛的贬值幅度差异。

从下面的分析中也可以看出贬值的宽泛程度受多种因素的影响。

(1)某事故车是一部使用年限较长的低价值车辆,事故未造成骨架损伤,部分外观件受损,在特约维修站更换配件、重新喷漆后,整车性能与事故发生前相比基本相同,其评估价值和在二手车交易市场上的实际交易价格与事故发生前相比变化不大,也就是说车辆因事故贬值额较小,在特殊情况下还可能出现溢值(比未发生事故前价值还要高)。

(2)某事故车是一部使用年限较短的高价值车辆,骨架和关键部件部分受损,维修过程中有切割焊接、局部喷漆,以及拆解装配等,该车虽经特约维修站修复,但操控性能下降、室内噪声增大,使用寿命也不同程度地受到影响,其在二手车交易市场上的实际交易价格明显降低,这种情况说明车辆因事故贬值额较大。

(3)某事故车是一部使用时间较短的中等价值车辆,骨架和底盘部分受损但不严重,属中等事故,但该车是在一个条件较差的修理店维修,整形、焊接、喷漆质量较差,更换的配件中有一部分是副厂件,该车已经竣工出厂,若返修会造成更大的损失,这种情况下其贬值损失也会比较大。

(三)事故车贬值的估算

事故车的贬值损失评估是近几年才开始出现的,在机动车鉴定评估行业和相关的教材中尚无统一的评估计算方法,各地相关单位在实践中做了多种探索,采用的方法也不尽相同。评估过程分以下几个步骤。

(1)评估事故发生前该车的市场价格 j。

多采用重置成本法,先按双倍余额递减法进行快速折旧,再按综合分析法修正成新率,但对于价值较高、保有量较少或特种车辆,可采用现行市价法。

(2)通过技术鉴定确定贬值系数 λ。

(3)计算贬值额 Q。

计算式为:

$$贬值额 = 事故发生前该车的市场价格 \times 贬值系数$$

即

$$Q = j \cdot \lambda$$

(4)通过市场调查验证或修正评估结论。

从以上评估方法和过程可以看出,贬值系数的确定是关键环节,也是技术分析的着重点。

(四)事故车贬值系数的确定

按照《二手车鉴定评估技术规范》(GB/T 30323—2013)对事故车的定义,可将承载式车身的乘用车按车体结构损伤部位分别确定其贬值系数,见表4-3(此表仅供参考)。

车体部位贬值系数对应表　　　　表4-3

序号	检查项目	贬值系数	序号	检查项目	贬值系数
1	左A柱	3%~5%	7	左前纵梁	2%~6%
2	左B柱	2%~4%	8	右前纵梁	2%~6%
3	左C柱	3%~5%	9	左前减振器悬挂部位	3%~8%
4	右A柱	3%~5%	10	右前减振器悬挂部位	3%~8%
5	右B柱	2%~4%	11	左后减振器悬挂部位	2%~6%
6	右C柱	3%~5%	12	右后减振器悬挂部位	2%~6%

应该说因为影响事故车贬值的因素过于复杂,表中的贬值系数不一定适用于所有的贬值评估项目,需要在实践中按照实事求是、综合分析的原则加以灵活运用,为事故车修复后的市场交易价值作出一个公平、公正、科学、合理的评估结论。通过对表4-3的不断补充、完善和修订,使之适用范围更广,更具有合理性,更贴近市场价格。

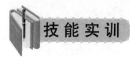

技能实训

(一)碰撞事故车鉴定实例

1.09款丰田锐志事故车鉴定

(1)无事故车(图4-17)和有事故车(图4-18)对比。

图 4-17　无事故 09 款丰田锐志　　　　图 4-18　有事故 09 款丰田锐志

（2）发动机舱原厂封胶检查（图 4-19）。

 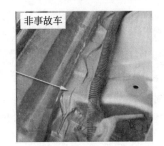

打开发动机舱，从车体结构裸露部位很快可以找到线索。从图中可以轻松看出事故车修复后的痕迹。原厂封胶已不在，后涂抹的封胶表面非常粗糙

图 4-19　发动机舱封胶检查

（3）发动机舱防火墙检查（图 4-20）。

防火墙附近重新喷漆也不均，看来伤口已经涉及到防火墙附近，右侧损伤不轻

图 4-20　发动机舱防火墙检查

(4) 发动机舱悬架塔检查(图4-21)。

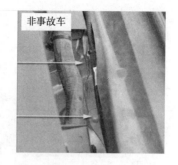

左侧悬架塔顶附近同样有较大程度的修复,有必要怀疑是车头部位发生较大撞击致使

图4-21 发动机舱左侧悬架塔检查

(5) 发动机舱车身缓冲区检查(图4-22)。

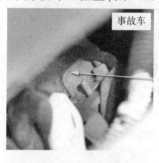
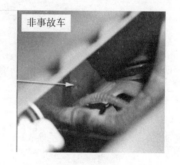

从照片中可看出,车身缓冲区也有修复痕迹,固定螺栓上面有厚厚的一层喷漆。
接合区域明显厚度较大,原本直线变成了扭曲的曲线

图4-22 发动机舱车身缓冲区检查

通过以上几个部分的检查,可以判断出车头部位发生过撞击,而且防火墙部位都有修复痕迹,有必要检查驾驶舱是否有变形。

对驾驶舱检查,最简便、快捷的方法就是看车身A柱。

(6) 车身A柱(驾驶员侧)检查(图4-23)。

(7) 车身A柱掉漆锈蚀检查(驾驶员侧)(图4-24)。

(8) 车身A柱检查(副驾驶侧)(图4-25)。

对A柱检查最直接的方法就是扒开密封条,由于金属受力原因,车体与夹层的拼接部分变形后比较容易辨别。而且后期的钣金矫正也是要从这里着手

图4-23 车身A柱检查

像这辆事故车就出现了A柱掉漆的现象。这很明显可以说明该部位有过再喷漆。如果仔细观察还能看到掉漆部位内部有锈蚀痕迹。如果是外观覆盖件还好,可以考虑后期更换

图4-24 车身A柱掉漆锈蚀检查(驾驶员侧)

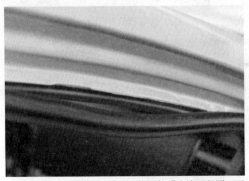

我们再来看看副驾驶一侧的A柱,能看出漆面很厚,而且在相当大的区域内原厂焊点也没有了。边缘摸上去参差不齐,毛刺感较强。可以断定这辆车的A柱后期修复过

图4-25 车身A柱检查(副驾驶侧)

鉴别事故车时,检查车辆封胶是否平滑,检查原车焊点是否还在,还是非常有效的。

2."整容"二手车的鉴定

(1)检查二手车前后翼子板边缝是否匀称(图4-26)。

如果这些边缝不匀称那么就要警惕了,这辆车很有可能是出过事故的。当然,此事故可大可小不一定影响车辆的整体性能,所以此痕迹只做参考。

(2)前翼子板安装螺栓的检查(图4-27)。

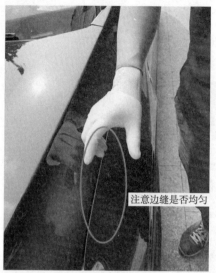

图4-26 翼子板边缝检查　　　　图4-27 前翼子板螺栓检查

打开发动机盖,观察左右两侧翼子板的螺栓有没有拧动过的痕迹,翼子板有没有过更换。一般前翼子板的更换和剐蹭是正常现象不用特别在意,前翼子板的更换不会对车辆本身造成影响。

(3)二手车"四梁六柱"检查(图4-28)。

鉴别一辆车是否发生过重大事故最关键的一点就是看它的车架有没有被动过,主要就要看它的"四梁六柱"。

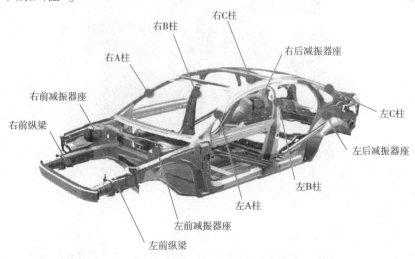

图4-28 四梁六柱检查

通常意义上所说的"大事故"就是动到梁了,但也不用谈"梁"色变。一般前纵梁的梁头上都会有一个溃缩盒,又称吸能盒,所谓溃缩盒就是在车辆发生撞击的过程中起到吸能的作用,从而减少撞击对车身纵梁以及发动机的损害。一般当发现纵梁溃缩盒位置发生变化或是损坏,会定义这辆车为事故车,但一般这种事故并没有伤及车辆造成"内伤"。但当溃缩盒后方的固定梁出现溃缩变形,一般情况下一定会伤到发动机,这种车一般称为大事故车,这种"伤筋动骨"的车对日后驾车者的安全性有着一定的影响。

(4)前纵梁检查(图4-29)。

图4-29　前纵梁检查

(5)A、B、C柱焊点检查(图4-30)。

图4-30　A、B、C柱焊点检查

鉴别车辆是否发生过侧翻就要看到A、B、C柱了。首先扒开胶条看没有焊点,看是否有切割钣金等痕迹。一般维修过的车辆是无法做出跟原厂一样的焊点,根据焊点可以很清楚地知道车辆是否进行过钣金切割等维修。

(6)安全带检查。

拉出安全带看安全带根部的出厂日期。没有事故的情况下没有车辆轻易更换安全带,当车辆安全带被更换,就要考虑车辆是否曾发生过重大事故或水淹情况。

(7)内饰检查(图4-31)。

再者看内饰,接缝有无出现不匀的情况。

(8)车门合页检查(图4-32)。

检查车门合页的螺栓是否有拆卸拧动的痕迹。其实有些螺栓拧过不代表就是拆过,一般车门螺栓拧动是为了调试车门角度,但这种情况只能是固定车门的4个螺栓中只有1~2个有拧动痕迹,如果4个都有那显然不是为了调试了。

 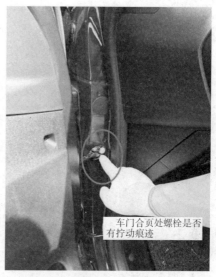

图4-31　内饰接缝检查　　　　　　　图4-32　车门合页检查

(9)漆面检查。

一般后喷的漆做不到原厂漆一样平滑,所以多多少少都会有一些颗粒感。当这些颗粒感的痕迹出现在B柱和C柱的时候就要注意了,一般这些地方喷漆大多是因为发生追尾或是侧面撞击事故。

(10)后翼子板检查(图4-33)。

车辆的前翼子板是"活"的,一般更换和剐蹭是正常现象,但尾部左右两边的翼子板就不同了,后翼子板与车体是一体的,一般剐蹭和变形都要涉及钣金的修复或是切割更换。当后翼子板有钣金修复或是切割更换的痕迹时,一般鉴定为事故车,但并不是重大事故,不影响车辆整体的硬度和框架,但切割翼子板对车辆价格影响是比较大的。

(11)备胎槽检查(图4-34)。

 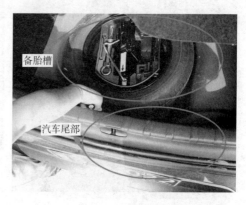

图4-33　后翼子板检查　　　　　　　图4-34　备胎槽检查

后尾板出现变形切割,虽不影响车的正常使用,但是也会鉴定为事故车,一般会对车辆的价格有很大的影响。但当事故已经影响到备胎槽致使变形的话,这一般鉴定为大事故车,备胎槽发生变形说明事故足以"动及"后梁了。

3. 2008 年第八代雅阁 2.0 豪华版鉴定

(1)整体轮廓车牌照检查(图 4-35)。

车的牌照弯曲了,有被重新修复平整的痕迹。

(2)前风窗玻璃检查(图 4-36)。

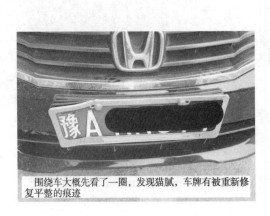

图 4-35 车牌照检查

图 4-36 前风窗玻璃检查

前风窗玻璃上的年检和保险贴只有当年的保险和年检贴。这些现象让人感觉此车前面应该有过碰撞且伤及了前风窗玻璃。

(3)检查左前门左后门(图 4-37~图 4-39)。

图 4-37 左前门缝补漆修复痕迹

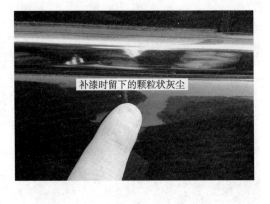

图 4-38 左前门补漆痕迹

拉开左前门看车门的铰链、螺栓等有没有被拧动的痕迹,门框处的焊接点是否正常,除了看表面是否有补漆现象外,再查看是否有事故痕迹,若发现左前叶子板处的固定螺栓有被拧动的痕迹,说明应该被修复过,接着再查看左后门。

(4) 检查行李舱(图4-40)。

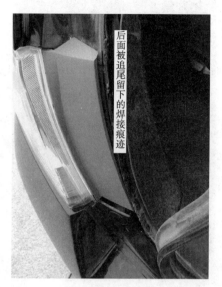

图4-39　左前翼子板固定螺栓检查　　　　图4-40　行李舱检查

接着查看行李舱处的情况,拉开行李舱围板上方的橡胶密封条,发现有被焊接的痕迹,事故痕迹慢慢出现了。

(5) 检查右前门、右后门(图4-41、图4-42)。

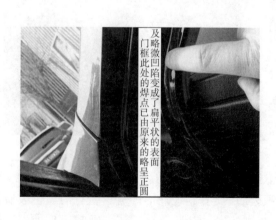

图4-41　右前门检查　　　　图4-42　右后门检查

查看右后门及右前门的情况,发现了事故维修痕迹及其严重性,拉开前门及后门框边缘的橡胶密封条发现原厂略呈正圆及略微凹陷的焊点变成了凸出状,有失圆或大小不一的点焊,焊点粗糙不光滑,排列不规则、不均匀,说明此处有烧焊修复,此两处有严重碰撞,属于较严重事故。

(6) 发动机舱检查(图4-43、图4-44)。

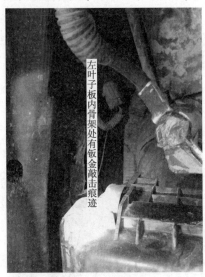

图4-43　左叶子板内骨架检查

图4-44　减振器座检查

接着查看发动机舱,左叶子板内侧内骨架以及水箱框架左侧都有钣金敲击痕迹,且左减振器上面有一圈裂纹,说明此处受到了较大的撞击力,发动机盖前侧的橡胶条也不平整(图4-45),说明此处重新修复打过密封胶。

(7) 全车玻璃检查(图4-46、图4-47)。

图4-45　发动机舱盖密封条检查

图4-46　前风窗玻璃生产厂家检查

转了一圈发现只有前风窗玻璃的厂家不是AGC的,并且前风窗玻璃上只有当年的保险和年检贴标且未发现旧车标的涂抹及清除痕迹,还能看到玻璃周围有重新打的黑色玻璃橡胶来固定的痕迹,再看看玻璃的年份竟然和车辆的出厂日期一致(都是2008年),所以判断此车的玻璃不但更换过,还极有可能是副厂件(此车出厂日期是2008年12月,上牌日期是2009年2月,更换的玻璃应该是2009年以后生产的可能性比较大,除非提出来新车且提新车是在2008年12月就更换了前风窗玻璃)。

(8) 发动机工况检查(图4-48)。

发动机的各项运转和声音都没有异常情况,说明此事故未波及发动机。

图 4-47　后风窗玻璃检查

图 4-48　发动机工况检查

(9)底盘检查(图 4-49、图 4-50)。

图 4-49　前保险杠杠铁检查

图 4-50　前保险杠杠铁修复痕迹

底盘检测情况还算差强人意,除了前保险杠杠铁处有焊接痕迹,其他都未发现修复痕迹。

(10)检查车内饰及车内电器(图 4-51 ~ 图 4-53)。

到此,整车的鉴定结果已经出来了,此车应该是左前角和左后角都受到了较严重的撞击,属于事故车范畴,但是不幸中的万幸是事故未伤及发动机。

(二)水淹事故车鉴定实例

1. 泡水车有效鉴别方法

(1)检查底盘及隔音棉是否有异味(图 4-54)。

(2)检查内饰熔断丝盒淤泥(图 4-55)。

(3)底盘地胶检查(图 4-56、图 4-57)。

(4)底盘线束接口检查(图 4-58、图 4-59)。

(5)底盘孔洞与缝隙检查(图 4-60)。

图 4-51　转向盘检查

图 4-52　发动机故障指示灯检查

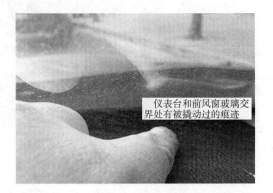

图 4-53　仪表台检查

图 4-54　底盘隔音棉检查

图 4-55　熔断丝盒泥沙检查

模块四　事故车鉴定评估

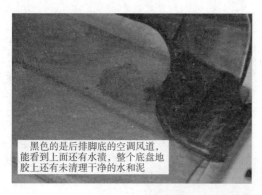

图 4-56　底盘地胶泥水检查

图 4-57　底盘地胶缝隙检查

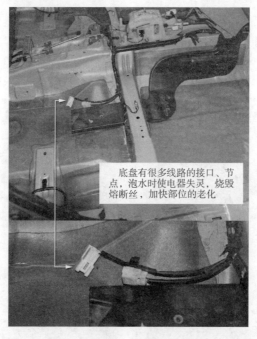

图 4-58　底盘线路检查

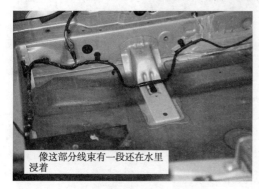

图 4-59　底盘线束接口检查

图 4-60　底盘孔洞与缝隙检查

(6) 安全带预紧控制装置检查 (图 4-61)。

(7) 安全带根部检查 (图 4-62)。

图4-61 安全带预紧控制装置检查

图4-62 安全带根部检查

2. 泡水车的识别技巧

(1)检查外观(图4-63~图4-66)。

检查前照灯组及雾灯的新旧程度,是否泛黄,是否因为泡水更换或者有水滴在灯里面;然后打开行李舱看随车工具、备胎以及行李舱角落及底板处是否有因泡水而生锈的痕迹。

图4-63 前照灯组及雾灯检查

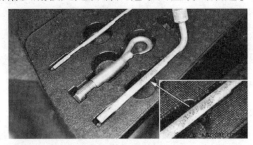
图4-64 随车工具检查

图4-65 行李舱角落检查

图4-66 备胎检查

(2)检查内饰(图4-67~图4-72)。

车内是否有发霉的味道,座椅底部的支架、螺栓及滑槽是否有生锈的痕迹,因为这里一般是不会有水的,正常的情况下应该会有一层灰尘覆盖。座椅经过水泡后手感会变的生硬发涩、没有弹性,可以用手感受一下是否被水浸泡过。接下来拉出安全带,拉到底看有没有被水泡过的水渍及霉斑。地板及地毯也要仔细观察,用手去摸一摸,感触一下是否有发涩发硬的感觉,是否有被毛刷清洁时刷过起球的现象。接着查看车内的电器使用是否正常,起动发动机看看车内的警示灯是否该亮的亮该灭的灭,娱乐系统的开关按钮是否灵活,显示屏是否亮度不均匀及是否有彩色的色斑等,这些都是泡水车会留下的踪迹。

图4-67　车内发霉检查

图4-68　座椅底部支架检查

图4-69　座椅检查

图4-70　安全带水渍检查

图4-71　地板及地毯检查

图4-72　车内电器系统检查

（3）检查发动机舱（图4-73~图4-75）。

发动机舱内是否比较脏，有无泥沙沉淀状的污渍附着在发动机舱的水箱、冷凝器及发动机壳体上以及是否有发霉的痕迹，发动机支撑架的螺母是否被拧过，发动机体上的螺母是否被拧过，发动机舱与驾驶舱之间的防火墙是否有水渍痕迹，再看保险盒内是否有水渍、泥沙和锈蚀痕迹，最后仔细听听发动机的声音有无异响，运转是否平稳。

图4-73　发动机舱检查

图4-74　发动机舱防火墙检查

(4) 检查底盘。

首先要看发动机底壳(图 4-76)、变速器底壳是否有发霉的痕迹,然后看排气管是否有严重锈蚀的现象,一般经常处于高温的排气管应是轻微腐蚀且泛红;再查看固定螺栓和挡板是否有锈蚀痕迹等现象。

图 4-75　熔断丝盒水渍检查

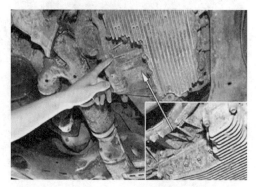

图 4-76　发动机底壳检查

3. 一汽-大众 CC 1.8 TSI 泡水车鉴定

泡水车好比"定时炸弹",随时都可能出现问题,比如高速行驶时发动机突然熄火,安全气囊关键时刻无法弹出甚至无故弹出等;如果机动车被水浸没,极易导致车身部件生锈,缩短使用寿命,降低安全性能。比如水浸车会造成机动车的电线腐蚀、生锈,导致机动车在行驶过程中因短路而突然熄火、自燃,后果不堪设想。

(1) 检查中控台支架(图 4-77)和熔断丝盒。

拆掉中控面板,可以很清晰地看到这部车的中控台支架已经严重生锈,同时熔断丝盒里也有大量难以清除的细微泥沙。这里要说明的是,车辆泡水后,由于电气电路系统不具备完全的密封性能,水会很快浸入。该系统中的插头、开关、电阻、电容、熔断丝等部件遇水后会造成短路、烧毁等故障,从而使电气系统开关失灵、无法工作。此外,电脑板作为电喷汽车的核心零部件,一旦进水也极易受损,并将造成相关系统中的各类传感器和执行器失效,整车无法正常运转。

图 4-77　中控台支架检查

(2) 检查鼓风机(图 4-78)。

由于被水浸泡,这部车的鼓风机早已损坏,在维修过程中已经更换新的鼓风机,从生产日期的标签就很容易识别。

(3) 检查空调格挡板(图 4-79)。

拆下来的空调格挡板也有泥沙痕迹,这都是不容易被发现的细节。

(4) 检查鼓风机隔音板(图 4-80)。

中控板下方鼓风机处的隔音板也有较清晰泥沙痕迹,证明这部车泡过水。

图4-78 检查鼓风机

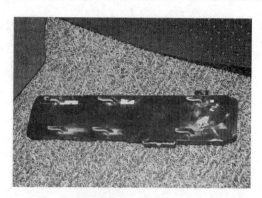

图4-79 检查空调格挡板

(5)检查安全带卡扣(图4-81)。

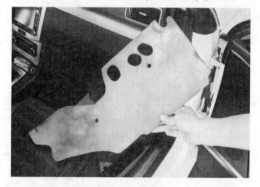

图4-80 检查鼓风机隔音板

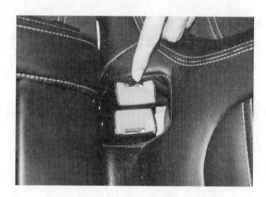

图4-81 检查安全带卡扣

安全带卡扣内也有明显生锈的痕迹,而正常的车这里一般不会生锈。

(6)检查点烟器(图4-82)。

点烟器内部也有泥沙。一般情况下,修复被水浸泡过的车辆都是先把座椅、内饰件、内饰板卸掉,排干积水再清洗泥浆,但是仍有很多细节无法处理得特别完美。

(7)检查电动座椅滑轨(图4-83)。

图4-82 检查点烟器

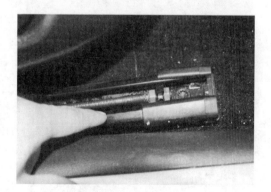

图4-83 检查电动座椅滑轨

(8)检查中控台下方转向柱(图4-84)。
中控下方的方向柱位置存在大量锈迹。
(9)检查安全带水渍(图4-85)。

图4-84 检查中控台下方转向柱

图4-85 检查安全带水渍

拉出安全带的根部检查,虽已被清理得相当干净,看不出任何蛛丝马迹。但雨水中有一些泥土,安全带经过浸泡后,上面会留有明显的水迹,且由于材质的制约,水渍不容易被清除,时间久了就会产生霉斑。通过对安全带的观察也可以看出车辆是否泡水,并且可以大致判断出车辆的泡水深度。

(10)检查内饰(图4-86)。

高档的真皮座椅起泡变形、植绒面料的地毯和顶棚污渍斑斑、中控台和仪表板的所有缝隙完全被淤泥覆盖。

(11)检查座椅填充物(图4-87)。

图4-86 检查内饰

图4-87 检查座椅填充物

市面上绝大部分车的座椅内部填充物采用的都是发泡海绵,这种材质经过浸泡、清洗和晒干后,会有明显的变硬感觉。通过用力按压或者用手捏捏座椅边缘就基本可以辨别。

(12)检查前排座椅后泥沙(图4-88)。

前排座椅后方的细节处也有难以清除的泥沙。

(13)检查行李舱(图4-89)。

行李舱搁板有大量残留的泥沙痕迹。

(14)检查行李舱工具槽(图4-90)。

图4-88 检查前排座椅后部泥沙

图4-89　行李舱搁板检查

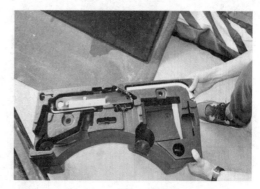
图4-90　检查行李舱工具槽

行李舱工具箱槽有大量残留的泥沙痕迹。

（15）检查行李舱备胎槽（图4-91）。

行李舱的备胎槽有清晰的泥沙痕迹。再查看行李舱座（备胎座）两旁后轮毂接缝处死角是否残留污泥。

（16）行李舱后座椅放倒后检查（图4-92）。

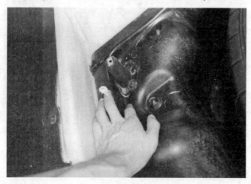
图4-91　检查备胎槽

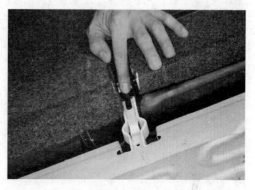
图4-92　行李舱后座椅放倒后检查

行李舱后排座椅放倒后，看到不为人所见的异常锈迹。

（17）检查发动机舱（图4-93）。

要注意发动机舱是否比较脏，有无泥沙沉淀状的污渍附着在发动机舱的水箱、冷气散热片上。同时还要注意发动机旁边的小零件、发电机、起动机、电源插座、左右轮轨接缝处。如果是被水泡过，发动机则看起来比较新，这点也很重要（因为清洗过）。也要注意发动机支撑架的螺母是否被拧过，发动机体上的螺母是否被拧过，是否有生锈痕迹，因为要把发动机拆下来大修（其他发动机故障也会用到这一点）。

（18）检查火花塞点火槽（图4-94、图4-95）。

发动机的火花塞点火槽有清晰的泥沙残留痕迹。

图4-93　检查发动机舱

图4-94　检查火花塞点火槽

图4-95　检查火花塞点火槽

(19) 检查空气滤清器滤芯(图4-96)。

空气滤清器部位的泥沙未清理,导致新换上的空气滤清器滤芯也被污染。

(20) 检查刮水器装置(图4-97)。

图4-96　检查空气滤清器滤芯

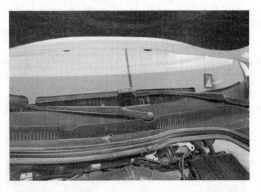

图4-97　检查刮水器装置

刮水喷水装置由于泡水,已经无法正常工作。

(21) 检查制动轮缸(图4-98)。

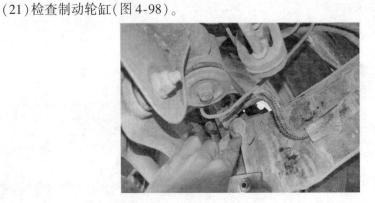

图4-98　检查制动轮缸

由于泡水,这部车的制动轮缸也进水、失效,需要更换。另外,泡水车的一些砂石是无法清理干净的,留在一些齿轮或者皮带处,造成某些部件早期损坏,而且运转时也会有一些异响。

4. 2011年款顶配君威GS鉴定

(1) 保险杠外观检查（图4-99）。

图4-99　检查保险杠外观

前保险杠和两边翼子板间的缝隙分布不均匀,这说明前保险杠进行过拆装或更换。

(2) 检查风窗玻璃和铭牌日期（图4-100）。

两个日期不吻合:风窗玻璃是2009年2月生产的,而车辆铭牌显示为2011年11月。但车辆铭牌并没有更换的痕迹,玻璃"GM"标识也说明该玻璃为原厂件。都是货真价实的原厂件,为什么日期不同呢?修理厂正常维修只会用副厂件;其次,4S店库存超过两年的原厂件的概率几乎等于零。因此判断这块风窗玻璃是拆车件。

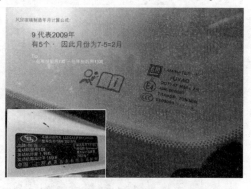

图4-100　检查风窗玻璃和铭牌日期

(3) 检查全车轮胎（图4-101）。

四条轮胎虽是同一牌子,但生产日期却各不相同,并且轮胎日期早于车辆生产日期;从轮胎花纹来看,四条轮胎的磨损程度都很高,但磨损程度各不相同(一般来说,两前轮(后轮)的磨损情况会比较相近)。依据上面两点,可以断定:四条车胎都是拆车件,并且来源于不同的车。

图4-101　检查轮胎

(4)检查发动机舱盖(图4-102)。

发动机舱盖的钣金胶翘起(图4-102右上角),用手一摸还粘手,甚至摸完还能留下指纹(图4-102左上角)。这种从外观看上去像是钣金胶其实上面又涂了一层漆色的胶,可以肯定绝非原厂。由此看来,发动机舱盖必是后换无疑。

(5)检查前照灯固定支架(图4-103)。

图4-102 检查发动机舱盖

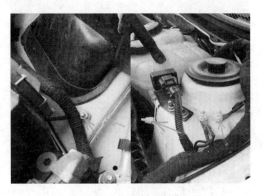

图4-103 检查前照灯固定支架

两侧前照灯的固定支架都有损伤痕迹,左侧较严重,是断裂后重新修复的。

(6)检查发动机舱标签(图4-104)。

发动机舱里的标签是不容易掉的。这辆车的标签已经翘起来了,并且中间还有一层胶,再仔细看标注圆圈那个部位,有一条一条的纹理,原厂标签是绝对平整的,中间绝不会有那层多余的胶。可以断定,标签是后贴上去的,而非原厂。

(7)检查内饰(图4-105)。

图4-104 检查发动机舱标签

图4-105 检查内饰

(8)路试检查(图4-106)。

(9)检查油底壳(图4-107)。

只要是能看到的螺栓,都有拧动过的痕迹,连油底壳都更换了(图中圈住部分)。这说明这辆车的变速器和发动机都进行过维修。

仔细观察右上角的放大图,变速器前端盖缝隙间,有多余灰色的胶体,进一步说明了变速器维修过。汽车4S店一般是不使用灰色胶体的,因此这辆车应该是在外面修理厂进行维修的。

图 4-106　路试检查

图 4-107　检查油底壳

(10) 检查元宝梁 (图 4-108)。

换一个视角,从后向前看。各处螺栓依然有拧动过的痕迹 (图 4-108 右上角),并且这辆车的元宝梁更换了 (图中画圈部分,这个部件很新,和原车车况不匹配),两侧的下摆臂、减振器、很多部件都更换了,并且很多配件都是拆车件。从图 4-108 左下角还可看出,固定排气管的支架有人为损坏的痕迹,这是由于撞击发生变形后,凿了两个缺口以便修复。

(11) 检查底盘加强件 (图 4-109)。

图 4-108　检查元宝梁

图 4-109　检查底盘加强件

底盘的加强部件,因为撞击力过大,已经开裂了,说明车体已经发生变形。

(12) 检查全车漆面 (图 4-110)。

用漆膜仪在车身各个部位读出的数值都超过了 200μm,大于正常值 100μm 左右,进一步说明该车全车做过喷漆。

(13) 检查右前 A 柱漆面 (图 4-111)。

漆膜仪检查了右前 A 柱,漆面厚度极大 (为 1.01mm)。说明 A 柱损伤严重,此车很可能为事故车。

A、B、C 柱都属于车辆的结构部件,一旦受损,可以确定为事故车。这里之所以还不能 100% 确定为事故车的原因是,假如此处被锤子砸了一下被修复,也会有很厚的腻子。

(14) 检查仪表台 (图 4-112)。

把右侧的仪表台盖板拆掉,从螺栓松动痕迹和有毛边的副厂件可以确定,整个仪表台全部进行过拆装。

(15) 检查右前门底大边(图4-113)。

图4-110　检查全车漆面

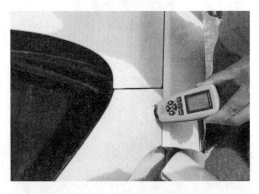

图4-111　检查右前A柱漆面

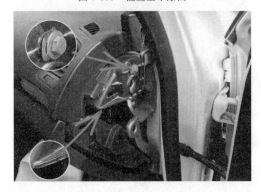

图4-112　仪表台检查

图4-113　检查右前门底大边

用漆膜仪测右前门底大边的时候，漆膜仪显示"Over Flow"，爆表了。这说明此部位受损严重，因此修复后刮的腻子比较厚。

(16) 检查右侧地胶(图4-114)。

将右侧门饰板拆掉，当把地胶慢慢掀开，用手一摸，手立刻就湿了，线束上的胶带也有明显的水珠。可以确认这是辆泡水车。

(17) 检查左侧地胶(图4-115)。

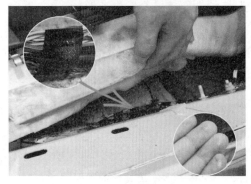

图4-114　检查右侧地胶

图4-115　检查左侧地胶

将左侧地胶掀开了大半，底盘上的海绵有腐烂的迹象，说明这辆车泡水的时间比较长了。

(18) 检查车架底部(图4-116)。

掀开大半地胶后,发现在车架底部有一个不规则的洞,这肯定是后凿的。用手电从侧面照了进去,发现了焊点。

(19) 检查右侧底大边(图4-117)。

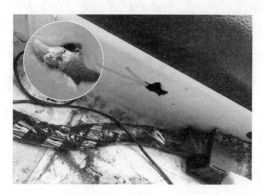

图4-116 检查车架底部

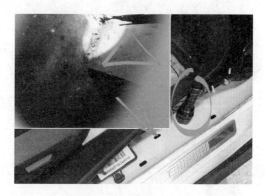

图4-117 检查右侧底大边

从另外一个孔往里面看,焊点更多了,并且里面还多了一块不规则铁片(图4-117中三角),应该是用来加强底大边强度的,从这几个点可以肯定这辆车的右侧底大边有过切割,是典型的事故车。

最终检查结果:此车右侧发生过激烈碰撞,车身已经发生变形;此车为泡水车,且时间较久。

(三) 火烧事故车鉴定实例

火烧车的检查要点:由于火焰灼烧的原因,车体上必然还会残留火焰灼烧的痕迹,因此,只需观察几个难以翻新整修的部位便可以对车体进行鉴别。

(1) 进入车内有无刺鼻气味,是否有烧焦的味道,检查内饰、地板有无过火痕迹,漆面是否完好(图4-118)。

(2) 检查发动机舱内的熔断丝盒和驾驶舱内的熔断丝盒是否有更换或火烧熏黑的痕迹(图4-119)。

(3) 检查发动机舱和车身线束是否有更换、局部地方是否有火烧痕迹。如有更换检查线束接口是否与新线束一致,有无瘤状、熏黑痕迹。

图4-118 车内烧焦气味检查

(4) 观察防火墙有无火烧或熏黑痕迹(图4-120)。

(5) 检查车身外观,车门和前后翼子板外表面是否有油漆起伏痕迹,车身油漆颜色和光泽是否均匀,周边胶条是否粘有油漆。

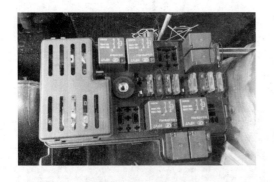

图4-119 熔断丝盒检查

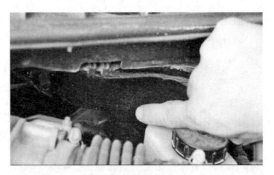

图4-120 防火墙检查

模 块 小 结

（1）事故车是指由非自然损耗的事故造成的车辆损伤，导致机械性能、经济价值下降的车辆，这是被大众认知的普遍意义上的事故车。但在二手车鉴定评估实践中，则是将遭受严重撞击、水淹、火烧等，即使修复也存在安全隐患的车辆称为事故车。

（2）汽车碰撞事故是所有汽车事故中数量最多的一种。影响事故车损坏程度的因素有：事故车的结构、大小、形状和重量；被撞物体的大小、形状、刚度和速度；发生碰撞时的车辆速度；碰撞的位置和角度；事故车辆中的乘员或货物的重量和分布情况。

（3）碰撞造成的非承载式车身变形有五种：左右弯曲、上下弯曲、皱褶与断裂损伤、平行四边形变形、扭曲变形。

（4）按碰撞损坏规律把汽车分为五个区位：一区，车辆直接受到碰撞的部位；二区，受到间接损伤的车身其他部位；三区，受到损伤的机械零部件；四区，乘员舱，包括舱内受损的内饰、灯、附件、控制装置等；五区，车身外部件和装饰件。

（5）汽车水灾损失影响因素有：水的种类、水的特性、暴雨认定、水淹高度、水淹时间。

（6）水淹高度通常分为6级：1级，制动盘和制动毂下沿以上，车身地板以下，乘员舱未进水；2级，车身地板以上，乘员舱进水，而水面在驾驶员座椅坐垫以下；3级，乘员舱进水，水面在驾驶员座椅坐垫以上，仪表台以下；4级，乘员舱进水，仪表台中部位置；5级，乘员舱进水，仪表台面以上，顶篷以下；6级，水面超过车顶，汽车被淹没顶部。

（7）车辆水淹事故通常分为两种：静态，停放时被水侵入甚至淹没；动态，行驶时发动机汽缸因吸入水而熄火，或在强行涉水未果、发动机熄火后被水淹没。

（8）火灾事故车通常按车辆损坏程度分为整体燃烧和局部烧毁。

（9）汽车发生火灾离不开三要素：火源、可燃物、助燃剂。

（10）车辆因交通事故会产生贬值，其贬值包括实体性贬值、经济性贬值和功能性贬值三部分，但对市场交易价格影响最大的是实体性贬值和经济性贬值。

思考与练习

1. 什么是事故车?
2. "区位检查法"把汽车分为哪5个区位?
3. 水淹高度分为哪6级?
4. 汽车发生火灾的因素有哪些?
5. 事故车的贬值因素有哪些?
6. 如何估算事故车的贬值?

附录一　机动车登记规定

2008年5月27日中华人民共和国公安部令第102号发布,根据2012年9月12日(公安部令第124号)《公安部关于修改〈机动车登记规定〉的决定》修正。

目　录

第一章　总则

第二章　登记

　第一节　注册登记

　第二节　变更登记

　第三节　转移登记

　第四节　抵押登记

　第五节　注销登记

　第六节　校车标牌核发

第三章　其他规定

第四章　法律责任

第五章　附则

第一章　总　　则

第一条　根据《中华人民共和国道路交通安全法》及其实施条例的规定,制定本规定。

第二条　本规定由公安机关交通管理部门负责实施。

省级公安机关交通管理部门负责本省(自治区、直辖市)机动车登记工作的指导、检查和监督。直辖市公安机关交通管理部门车辆管理所、设区的市或者相当于同级的公安机关交通管理部门车辆管理所负责办理本行政辖区内机动车登记业务。

县级公安机关交通管理部门车辆管理所可以办理本行政辖区内摩托车、三轮汽车、低速载货汽车登记业务。条件具备的,可以办理除进口机动车、危险化学品运输车、校车、中型以上载客汽车以外的其他机动车登记业务。具体业务范围和办理条件由省级公安机关交通管理部门确定。

警用车辆登记业务按照有关规定办理。

第三条　车辆管理所办理机动车登记,应当遵循公开、公正、便民的原则。

车辆管理所在受理机动车登记申请时,对申请材料齐全并符合法律、行政法规和本规定的,应当在规定的时限内办结。对申请材料不齐全或者其他不符合法定形式的,应当一次告知申请人需要补正的全部内容。对不符合规定的,应当书面告知不予受理、登记的理由。

车辆管理所应当将法律、行政法规和本规定的有关机动车登记的事项、条件、依据、程序、期限以及收费标准、需要提交的全部材料的目录和申请表示范文本等在办理登记的场所公示。

省级、设区的市或者相当于同级的公安机关交通管理部门应当在互联网上建立主页,发布信息,便于群众查阅机动车登记的有关规定,下载、使用有关表格。

第四条 车辆管理所应当使用计算机登记系统办理机动车登记,并建立数据库。不使用计算机登记系统登记的,登记无效。

计算机登记系统的数据库标准和登记软件全国统一。数据库能够完整、准确记录登记内容,记录办理过程和经办人员信息,并能够实时将有关登记内容传送到全国公安交通管理信息系统。计算机登记系统应当与交通违法信息系统和交通事故信息系统实行联网。

第二章 登 记

第一节 注 册 登 记

第五条 初次申领机动车号牌、行驶证的,机动车所有人应当向住所地的车辆管理所申请注册登记。

第六条 机动车所有人应当到机动车安全技术检验机构对机动车进行安全技术检验,取得机动车安全技术检验合格证明后申请注册登记。但经海关进口的机动车和国务院机动车产品主管部门认定免予安全技术检验的机动车除外。

免予安全技术检验的机动车有下列情形之一的,应当进行安全技术检验:

(一)国产机动车出厂后两年内未申请注册登记的;

(二)经海关进口的机动车进口后两年内未申请注册登记的;

(三)申请注册登记前发生交通事故的。

专用校车办理注册登记前,应当按照专用校车国家安全技术标准进行安全技术检验。

第七条 申请注册登记的,机动车所有人应当填写申请表,交验机动车,并提交以下证明、凭证:

(一)机动车所有人的身份证明;

(二)购车发票等机动车来历证明;

(三)机动车整车出厂合格证明或者进口机动车进口凭证;

(四)车辆购置税完税证明或者免税凭证;

(五)机动车交通事故责任强制保险凭证;

(六)车船税纳税或者免税证明;

(七)法律、行政法规规定应当在机动车注册登记时提交的其他证明、凭证。

不属于经海关进口的机动车和国务院机动车产品主管部门规定免予安全技术检验的机动车,还应当提交机动车安全技术检验合格证明。

车辆管理所应当自受理申请之日起二日内,确认机动车,核对车辆识别代号拓印膜,审查提交的证明、凭证,核发机动车登记证书、号牌、行驶证和检验合格标志。

第八条 车辆管理所办理消防车、救护车、工程救险车注册登记时,应当对车辆的使用性质、标志图案、标志灯具和警报器进行审查。

车辆管理所办理全挂汽车列车和半挂汽车列车注册登记时,应当对牵引车和挂车分别核发机动车登记证书、号牌和行驶证。

第九条 有下列情形之一的，不予办理注册登记：

（一）机动车所有人提交的证明、凭证无效的；

（二）机动车来历证明被涂改或者机动车来历证明记载的机动车所有人与身份证明不符的；

（三）机动车所有人提交的证明、凭证与机动车不符的；

（四）机动车未经国务院机动车产品主管部门许可生产或者未经国家进口机动车主管部门许可进口的；

（五）机动车的有关技术数据与国务院机动车产品主管部门公告的数据不符的；

（六）机动车的型号、发动机号码、车辆识别代号或者有关技术数据不符合国家安全技术标准的；

（七）机动车达到国家规定的强制报废标准的；

（八）机动车被人民法院、人民检察院、行政执法部门依法查封、扣押的；

（九）机动车属于被盗抢的；

（十）其他不符合法律、行政法规规定的情形。

第二节 变 更 登 记

第十条 已注册登记的机动车有下列情形之一的，机动车所有人应当向登记地车辆管理所申请变更登记：

（一）改变车身颜色的；

（二）更换发动机的；

（三）更换车身或者车架的；

（四）因质量问题更换整车的；

（五）营运机动车改为非营运机动车或者非营运机动车改为营运机动车等使用性质改变的；

（六）机动车所有人的住所迁出或者迁入车辆管理所管辖区域的。

机动车所有人为两人以上，需要将登记的所有人姓名变更为其他所有人姓名的，可以向登记地车辆管理所申请变更登记。

属于本条第一款第（一）项、第（二）项和第（三）项规定的变更事项的，机动车所有人应当在变更后十日内向车辆管理所申请变更登记；属于本条第一款第（六）项规定的变更事项的，机动车所有人申请转出前，应当将涉及该车的道路交通安全违法行为和交通事故处理完毕。

第十一条 申请变更登记的，机动车所有人应当填写申请表，交验机动车，并提交以下证明、凭证：

（一）机动车所有人的身份证明；

（二）机动车登记证书；

（三）机动车行驶证；

（四）属于更换发动机、车身或者车架的，还应当提交机动车安全技术检验合格证明；

（五）属于因质量问题更换整车的，还应当提交机动车安全技术检验合格证明，但经海关进口的机动车和国务院机动车产品主管部门认定免予安全技术检验的机动车除外。

车辆管理所应当自受理之日起一日内，确认机动车，审查提交的证明、凭证，在机动车登记证书上签注变更事项，收回行驶证，重新核发行驶证。

车辆管理所办理本规定第十条第一款第（三）项、第（四）项和第（六）项规定的变更登记事项的，应当核对车辆识别代号拓印膜。

第十二条　车辆管理所办理机动车变更登记时，需要改变机动车号牌号码的，收回号牌、行驶证，确定新的机动车号牌号码，重新核发号牌、行驶证和检验合格标志。

第十三条　机动车所有人的住所迁出车辆管理所管辖区域的，车辆管理所应当自受理之日起三日内，在机动车登记证书上签注变更事项，收回号牌、行驶证，核发有效期为三十日的临时行驶车号牌，将机动车档案交机动车所有人。机动车所有人应当在临时行驶车号牌的有效期限内到住所地车辆管理所申请机动车转入。

申请机动车转入的，机动车所有人应当填写申请表，提交身份证明、机动车登记证书、机动车档案，并交验机动车。机动车在转入时已超过检验有效期的，应当在转入地进行安全技术检验并提交机动车安全技术检验合格证明和交通事故责任强制保险凭证。车辆管理所应当自受理之日起三日内，确认机动车，核对车辆识别代号拓印膜，审查相关证明、凭证和机动车档案，在机动车登记证书上签注转入信息，核发号牌、行驶证和检验合格标志。

第十四条　机动车所有人为两人以上，需要将登记的所有人姓名变更为其他所有人姓名的，应当提交机动车登记证书、行驶证、变更前和变更后机动车所有人的身份证明和共同所有的公证证明，但属于夫妻双方共同所有的，可以提供《结婚证》或者证明夫妻关系的《居民户口簿》。

变更后机动车所有人的住所在车辆管理所管辖区域内的，车辆管理所按照本规定第十一条第二款的规定办理变更登记。变更后机动车所有人的住所不在车辆管理所管辖区域内的，迁出地和迁入地车辆管理所按照本规定第十三条的规定办理变更登记。

第十五条　有下列情形之一的，不予办理变更登记：

（一）改变机动车的品牌、型号和发动机型号的，但经国务院机动车产品主管部门许可选装的发动机除外；

（二）改变已登记的机动车外形和有关技术数据的，但法律、法规和国家强制性标准另有规定的除外；

（三）有本规定第九条第（一）项、第（七）项、第（八）项、第（九）项规定情形的。

第十六条　有下列情形之一，在不影响安全和识别号牌的情况下，机动车所有人不需要办理变更登记：

（一）小型、微型载客汽车加装前后防撞装置；

（二）货运机动车加装防风罩、水箱、工具箱、备胎架等；

（三）增加机动车车内装饰。

第十七条 已注册登记的机动车,机动车所有人住所在车辆管理所管辖区域内迁移或者机动车所有人姓名(单位名称)、联系方式变更的,应当向登记地车辆管理所备案。

(一)机动车所有人住所在车辆管理所管辖区域内迁移、机动车所有人姓名(单位名称)变更的,机动车所有人应当提交身份证明、机动车登记证书、行驶证和相关变更证明。车辆管理所应当自受理之日起一日内,在机动车登记证书上签注备案事项,重新核发行驶证。

(二)机动车所有人联系方式变更的,机动车所有人应当提交身份证明和行驶证。车辆管理所应当自受理之日起一日内办理备案。

机动车所有人的身份证明名称或者号码变更的,可以向登记地车辆管理所申请备案。机动车所有人应当提交身份证明、机动车登记证书。车辆管理所应当自受理之日起一日内,在机动车登记证书上签注备案事项。

发动机号码、车辆识别代号因磨损、锈蚀、事故等原因辨认不清或者损坏的,可以向登记地车辆管理所申请备案。机动车所有人应当提交身份证明、机动车登记证书、行驶证。车辆管理所应当自受理之日起一日内,在发动机、车身或者车架上打刻原发动机号码或者原车辆识别代号,在机动车登记证书上签注备案事项。

第三节 转 移 登 记

第十八条 已注册登记的机动车所有权发生转移的,现机动车所有人应当自机动车交付之日起三十日内向登记地车辆管理所申请转移登记。

机动车所有人申请转移登记前,应当将涉及该车的道路交通安全违法行为和交通事故处理完毕。

第十九条 申请转移登记的,现机动车所有人应当填写申请表,交验机动车,并提交以下证明、凭证:

(一)现机动车所有人的身份证明;

(二)机动车所有权转移的证明、凭证;

(三)机动车登记证书;

(四)机动车行驶证;

(五)属于海关监管的机动车,还应当提交《中华人民共和国海关监管车辆解除监管证明书》或者海关批准的转让证明;

(六)属于超过检验有效期的机动车,还应当提交机动车安全技术检验合格证明和交通事故责任强制保险凭证。

现机动车所有人住所在车辆管理所管辖区域内的,车辆管理所应当自受理申请之日起一日内,确认机动车,核对车辆识别代号拓印膜,审查提交的证明、凭证,收回号牌、行驶证,确定新的机动车号牌号码,在机动车登记证书上签注转移事项,重新核发号牌、行驶证和检验合格标志。

现机动车所有人住所不在车辆管理所管辖区域内的,车辆管理所应当按照本规定第十三条的规定办理。

第二十条 有下列情形之一的,不予办理转移登记:

(一)机动车与该车档案记载内容不一致的;

(二)属于海关监管的机动车,海关未解除监管或者批准转让的;

(三)机动车在抵押登记、质押备案期间的;

(四)有本规定第九条第(一)项、第(二)项、第(七)项、第(八)项、第(九)项规定情形的。

第二十一条 被人民法院、人民检察院和行政执法部门依法没收并拍卖,或者被仲裁机构依法仲裁裁决,或者被人民法院调解、裁定、判决机动车所有权转移时,原机动车所有人未向现机动车所有人提供机动车登记证书、号牌或者行驶证的,现机动车所有人在办理转移登记时,应当提交人民法院出具的未得到机动车登记证书、号牌或者行驶证的《协助执行通知书》,或者人民检察院、行政执法部门出具的未得到机动车登记证书、号牌或者行驶证的证明。车辆管理所应当公告原机动车登记证书、号牌或者行驶证作废,并在办理转移登记的同时,补发机动车登记证书。

第四节 抵 押 登 记

第二十二条 机动车所有人将机动车作为抵押物抵押的,应当向登记地车辆管理所申请抵押登记;抵押权消灭的,应当向登记地车辆管理所申请解除抵押登记。

第二十三条 申请抵押登记的,机动车所有人应当填写申请表,由机动车所有人和抵押权人共同申请,并提交下列证明、凭证:

(一)机动车所有人和抵押权人的身份证明;

(二)机动车登记证书;

(三)机动车所有人和抵押权人依法订立的主合同和抵押合同。

车辆管理所应当自受理之日起一日内,审查提交的证明、凭证,在机动车登记证书上签注抵押登记的内容和日期。

第二十四条 申请解除抵押登记的,机动车所有人应当填写申请表,由机动车所有人和抵押权人共同申请,并提交下列证明、凭证:

(一)机动车所有人和抵押权人的身份证明;

(二)机动车登记证书。

人民法院调解、裁定、判决解除抵押的,机动车所有人或者抵押权人应当填写申请表,提交机动车登记证书、人民法院出具的已经生效的《调解书》《裁定书》或者《判决书》,以及相应的《协助执行通知书》。

车辆管理所应当自受理之日起一日内,审查提交的证明、凭证,在机动车登记证书上签注解除抵押登记的内容和日期。

第二十五条 机动车抵押登记日期、解除抵押登记日期可以供公众查询。

第二十六条 有本规定第九条第(一)项、第(七)项、第(八)项、第(九)项或者第二十条第(二)项规定情形之一的,不予办理抵押登记。对机动车所有人提交的证明、凭证无效,或者机动车被人民法院、人民检察院、行政执法部门依法查封、扣押的,不予办理解除抵押登记。

第五节　注销登记

第二十七条　已达到国家强制报废标准的机动车,机动车所有人向机动车回收企业交售机动车时,应当填写申请表,提交机动车登记证书、号牌和行驶证。机动车回收企业应当确认机动车并解体,向机动车所有人出具《报废机动车回收证明》。报废的校车、大型客、货车及其他营运车辆应当在车辆管理所的监督下解体。

机动车回收企业应当在机动车解体后七日内将申请表、机动车登记证书、号牌、行驶证和《报废机动车回收证明》副本提交车辆管理所,申请注销登记。

车辆管理所应当自受理之日起一日内,审查提交的证明、凭证,收回机动车登记证书、号牌、行驶证,出具注销证明。

第二十八条　除本规定第二十七条规定的情形外,机动车有下列情形之一的,机动车所有人应当向登记地车辆管理所申请注销登记:

(一)机动车灭失的;

(二)机动车因故不在我国境内使用的;

(三)因质量问题退车的。

已注册登记的机动车有下列情形之一的,登记地车辆管理所应当办理注销登记:

(一)机动车登记被依法撤销的;

(二)达到国家强制报废标准的机动车被依法收缴并强制报废的。

属于本条第一款第(二)项和第(三)项规定情形之一的,机动车所有人申请注销登记前,应当将涉及该车的道路交通安全违法行为和交通事故处理完毕。

第二十九条　属于本规定第二十八条第一款规定的情形,机动车所有人申请注销登记的,应当填写申请表,并提交以下证明、凭证:

(一)机动车登记证书;

(二)机动车行驶证;

(三)属于机动车灭失的,还应当提交机动车所有人的身份证明和机动车灭失证明;

(四)属于机动车因故不在我国境内使用的,还应当提交机动车所有人的身份证明和出境证明,其中属于海关监管的机动车,还应当提交海关出具的《中华人民共和国海关监管车辆进(出)境领(销)牌照通知书》;

(五)属于因质量问题退车的,还应当提交机动车所有人的身份证明和机动车制造厂或者经销商出具的退车证明。

车辆管理所应当自受理之日起一日内,审查提交的证明、凭证,收回机动车登记证书、号牌、行驶证,出具注销证明。

第三十条　因车辆损坏无法驶回登记地的,机动车所有人可以向车辆所在地机动车回收企业交售报废机动车。交售机动车时应当填写申请表,提交机动车登记证书、号牌和行驶证。机动车回收企业应当确认机动车并解体,向机动车所有人出具《报废机动车回收证明》。报废的校车、大型客、货车及其他营运车辆应当在报废地车辆管理所的监督下解体。

机动车回收企业应当在机动车解体后七日内将申请表、机动车登记证书、号牌、行驶证和《报废机动车回收证明》副本提交报废地车辆管理所,申请注销登记。

报废地车辆管理所应当自受理之日起一日内,审查提交的证明、凭证,收回机动车登记证书、号牌、行驶证,并通过计算机登记系统将机动车报废信息传递给登记地车辆管理所。

登记地车辆管理所应当自接到机动车报废信息之日起一日内办理注销登记,并出具注销证明。

第三十一条 已注册登记的机动车有下列情形之一的,车辆管理所应当公告机动车登记证书、号牌、行驶证作废:

(一)达到国家强制报废标准,机动车所有人逾期不办理注销登记的;

(二)机动车登记被依法撤销后,未收缴机动车登记证书、号牌、行驶证的;

(三)达到国家强制报废标准的机动车被依法收缴并强制报废的;

(四)机动车所有人办理注销登记时未交回机动车登记证书、号牌、行驶证的。

第三十二条 有本规定第九条第(一)项、第(八)项、第(九)项或者第二十条第(一)项、第(三)项规定情形之一的,不予办理注销登记。

第六节 校车标牌核发

第三十三条 学校或者校车服务提供者申请校车使用许可,应当按照《校车安全管理条例》向县级或者设区的市级人民政府教育行政部门提出申请。公安机关交通管理部门收到教育行政部门送来的征求意见材料后,应当在一日内通知申请人交验机动车。

第三十四条 县级或者设区的市级公安机关交通管理部门应当自申请人交验机动车之日起二日内确认机动车,查验校车标志灯、停车指示标志、卫星定位装置以及逃生锤、干粉灭火器、急救箱等安全设备,审核行驶线路、开行时间和停靠站点。属于专用校车的,还应当查验校车外观标识。审查以下证明、凭证:

(一)机动车所有人的身份证明;

(二)机动车行驶证;

(三)校车安全技术检验合格证明;

(四)包括行驶线路、开行时间和停靠站点的校车运行方案;

(五)校车驾驶人的机动车驾驶证。

公安机关交通管理部门应当自收到教育行政部门征求意见材料之日起三日内向教育行政部门回复意见,但申请人未按规定交验机动车的除外。

第三十五条 学校或者校车服务提供者按照《校车安全管理条例》取得校车使用许可后,应当向县级或者设区的市级公安机关交通管理部门领取校车标牌。领取时应当填写表格,并提交以下证明、凭证:

(一)机动车所有人的身份证明;

(二)校车驾驶人的机动车驾驶证;

(三)机动车行驶证;

(四)县级或者设区的市级人民政府批准的校车使用许可;

(五)县级或者设区的市级人民政府批准的包括行驶线路、开行时间和停靠站点的校车运行方案。

公安机关交通管理部门应当在收到领取表之日起三日内核发校车标牌。对属于专用校车的,应当核对行驶证上记载的校车类型和核载人数;对不属于专用校车的,应当在行驶证副页上签注校车类型和核载人数。

第三十六条 校车标牌应当记载本车的号牌号码、机动车所有人、驾驶人、行驶线路、开行时间、停靠站点、发牌单位、有效期限等信息。校车标牌分前后两块,分别放置于前风窗玻璃右下角和后风窗玻璃适当位置。

校车标牌有效期的截止日期与校车安全技术检验有效期的截止日期一致,但不得超过校车使用许可有效期。

第三十七条 专用校车应当自注册登记之日起每半年进行一次安全技术检验,非专用校车应当自取得校车标牌后每半年进行一次安全技术检验。

学校或者校车服务提供者应当在校车检验有效期满前一个月内向公安机关交通管理部门申请检验合格标志。

公安机关交通管理部门应当自受理之日起一日内,确认机动车,审查提交的证明、凭证,核发检验合格标志,换发校车标牌。

第三十八条 已取得校车标牌的机动车达到报废标准或者不再作为校车使用的,学校或者校车服务提供者应当拆除校车标志灯、停车指示标志,消除校车外观标识,并将校车标牌交回核发的公安机关交通管理部门。

专用校车不得改变使用性质。

校车使用许可被吊销、注销或者撤销的,学校或者校车服务提供者应当拆除校车标志灯、停车指示标志,消除校车外观标识,并将校车标牌交回核发的公安机关交通管理部门。

第三十九条 校车行驶线路、开行时间、停靠站点或者车辆、所有人、驾驶人发生变化的,经县级或者设区的市级人民政府批准后,应当按照本规定重新领取校车标牌。

第四十条 公安机关交通管理部门应当每月将校车标牌的发放、变更、收回等信息报本级人民政府备案,并通报教育行政部门。

学校或者校车服务提供者应当自取得校车标牌之日起,每月查询校车道路交通安全违法行为记录,及时到公安机关交通管理部门接受处理。核发校车标牌的公安机关交通管理部门应当每月汇总辖区内校车道路交通安全违法和交通事故等情况,通知学校或者校车服务提供者,并通报教育行政部门。

第四十一条 校车标牌灭失、丢失或者损毁的,学校或者校车服务提供者应当向核发标牌的公安机关交通管理部门申请补领或者换领。申请时,应当提交机动车所有人的身份证明及机动车行驶证。公安机关交通管理部门应当自受理之日起三日内审核,补发或者换发校车标牌。

第三章 其他规定

第四十二条 申请办理机动车质押备案或者解除质押备案的,由机动车所有人和典当行共同申请,机动车所有人应当填写申请表,并提交以下证明、凭证:

(一)机动车所有人和典当行的身份证明;

(二)机动车登记证书。

车辆管理所应当自受理之日起一日内,审查提交的证明、凭证,在机动车登记证书上签注质押备案或者解除质押备案的内容和日期。

有本规定第九条第(一)项、第(七)项、第(八)项、第(九)项规定情形之一的,不予办理质押备案。对机动车所有人提交的证明、凭证无效,或者机动车被人民法院、人民检察院、行政执法部门依法查封、扣押的,不予办理解除质押备案。

第四十三条 机动车登记证书灭失、丢失或者损毁的,机动车所有人应当向登记地车辆管理所申请补领、换领。申请时,机动车所有人应当填写申请表并提交身份证明,属于补领机动车登记证书的,还应当交验机动车。车辆管理所应当自受理之日起一日内,确认机动车,审查提交的证明、凭证,补发、换发机动车登记证书。

启用机动车登记证书前已注册登记的机动车未申领机动车登记证书的,机动车所有人可以向登记地车辆管理所申领机动车登记证书。但属于机动车所有人申请变更、转移或者抵押登记的,应当在申请前向车辆管理所申领机动车登记证书。申请时,机动车所有人应当填写申请表,交验机动车并提交身份证明。车辆管理所应当自受理之日起五日内,确认机动车,核对车辆识别代号拓印膜,审查提交的证明、凭证,核发机动车登记证书。

第四十四条 机动车号牌、行驶证灭失、丢失或者损毁的,机动车所有人应当向登记地车辆管理所申请补领、换领。申请时,机动车所有人应当填写申请表并提交身份证明。

车辆管理所应当审查提交的证明、凭证,收回未灭失、丢失或者损毁的号牌、行驶证,自受理之日起一日内补发、换发行驶证,自受理之日起十五日内补发、换发号牌,原机动车号牌号码不变。

补发、换发号牌期间应当核发有效期不超过十五日的临时行驶车号牌。

第四十五条 机动车具有下列情形之一,需要临时上道路行驶的,机动车所有人应当向车辆管理所申领临时行驶车号牌:

(一)未销售的;

(二)购买、调拨、赠予等方式获得机动车后尚未注册登记的;

(三)进行科研、定型试验的;

(四)因轴荷、总质量、外廓尺寸超出国家标准不予办理注册登记的特型机动车。

第四十六条 机动车所有人申领临时行驶车号牌应当提交以下证明、凭证:

(一)机动车所有人的身份证明;

(二)机动车交通事故责任强制保险凭证;

(三)属于本规定第四十五条第(一)项、第(四)项规定情形的,还应当提交机动车整车出厂合格证明或者进口机动车进口凭证;

(四)属于本规定第四十五条第(二)项规定情形的,还应当提交机动车来历证明,以及机动车整车出厂合格证明或者进口机动车进口凭证;

(五)属于本规定第四十五条第(三)项规定情形的,还应当提交书面申请和机动车安全技术检验合格证明。

车辆管理所应当自受理之日起一日内,审查提交的证明、凭证,属于本规定第四十五条第(一)项、第(二)项规定情形,需要在本行政辖区内临时行驶的,核发有效期不超过十五日的临时行驶车号牌;需要跨行政辖区临时行驶的,核发有效期不超过三十日的临时行驶车号牌。属于本规定第四十五条第(三)项、第(四)项规定情形的,核发有效期不超过九十日的

临时行驶车号牌。

因号牌制作的原因,无法在规定时限内核发号牌的,车辆管理所应当核发有效期不超过十五日的临时行驶车号牌。

对具有本规定第四十五条第(一)项、第(二)项规定情形之一,机动车所有人需要多次申领临时行驶车号牌的,车辆管理所核发临时行驶车号牌不得超过三次。

第四十七条 机动车所有人发现登记内容有错误的,应当及时要求车辆管理所更正。车辆管理所应当自受理之日起五日内予以确认。确属登记错误的,在机动车登记证书上更正相关内容,换发行驶证。需要改变机动车号牌号码的,应当收回号牌、行驶证,确定新的机动车号牌号码,重新核发号牌、行驶证和检验合格标志。

第四十八条 已注册登记的机动车被盗抢的,车辆管理所应当根据刑侦部门提供的情况,在计算机登记系统内记录,停止办理该车的各项登记和业务。被盗抢机动车发还后,车辆管理所应当恢复办理该车的各项登记和业务。

机动车在被盗抢期间,发动机号码、车辆识别代号或者车身颜色被改变的,车辆管理所应当凭有关技术鉴定证明办理变更备案。

第四十九条 机动车所有人可以在机动车检验有效期满前三个月内向登记地车辆管理所申请检验合格标志。

申请前,机动车所有人应当将涉及该车的道路交通安全违法行为和交通事故处理完毕。申请时,机动车所有人应当填写申请表并提交行驶证、机动车交通事故责任强制保险凭证、车船税纳税或者免税证明、机动车安全技术检验合格证明。

车辆管理所应当自受理之日起一日内,确认机动车,审查提交的证明、凭证,核发检验合格标志。

第五十条 除大型载客汽车、校车以外的机动车因故不能在登记地检验的,机动车所有人可以向登记地车辆管理所申请委托核发检验合格标志。申请前,机动车所有人应当将涉及机动车的道路交通安全违法行为和交通事故处理完毕。申请时,应当提交机动车登记证书或者行驶证。

车辆管理所应当自受理之日起一日内,出具核发检验合格标志的委托书。

机动车在检验地检验合格后,机动车所有人应当按照本规定第四十九条第二款的规定向被委托地车辆管理所申请检验合格标志,并提交核发检验合格标志的委托书。被委托地车辆管理所应当自受理之日起一日内,按照本规定第四十九条第三款的规定核发检验合格标志。

营运货车长期在登记以外的地区从事道路运输的,机动车所有人向营运地车辆管理所备案登记一年后,可以在营运地直接进行安全技术检验,并向营运地车辆管理所申请检验合格标志。

第五十一条 机动车检验合格标志灭失、丢失或者损毁的,机动车所有人应当持行驶证向机动车登记地或者检验合格标志核发地车辆管理所申请补领或者换领。车辆管理所应当自受理之日起一日内补发或者换发。

第五十二条 办理机动车转移登记或者注销登记后,原机动车所有人申请办理新购机动车注册登记时,可以向车辆管理所申请使用原机动车号牌号码。

申请使用原机动车号牌号码应当符合下列条件：

（一）在办理转移登记或者注销登记后六个月内提出申请；

（二）机动车所有人拥有原机动车三年以上；

（三）涉及原机动车的道路交通安全违法行为和交通事故处理完毕。

第五十三条 确定机动车号牌号码采用计算机自动选取和由机动车所有人按照机动车号牌标准规定自行编排的方式。

第五十四条 机动车所有人可以委托代理人代理申请各项机动车登记和业务，但申请补领机动车登记证书的除外。对机动车所有人因死亡、出境、重病、伤残或者不可抗力等原因不能到场申请补领机动车登记证书的，可以凭相关证明委托代理人代理申领。

代理人申请机动车登记和业务时，应当提交代理人的身份证明和机动车所有人的书面委托。

第五十五条 机动车所有人或者代理人申请机动车登记和业务，应当如实向车辆管理所提交规定的材料和反映真实情况，并对其申请材料实质内容的真实性负责。

第四章　法律责任

第五十六条 有下列情形之一的，由公安机关交通管理部门处警告或者二百元以下罚款：

（一）重型、中型载货汽车及其挂车的车身或者车厢后部未按照规定喷涂放大的牌号或者放大的牌号不清晰的；

（二）机动车喷涂、粘贴标识或者车身广告，影响安全驾驶的；

（三）载货汽车、挂车未按照规定安装侧面及后下部防护装置、粘贴车身反光标识的；

（四）机动车未按照规定期限进行安全技术检验的；

（五）改变车身颜色、更换发动机、车身或者车架，未按照本规定第十条规定的时限办理变更登记的；

（六）机动车所有权转移后，现机动车所有人未按照本规定第十八条规定的时限办理转移登记的；

（七）机动车所有人办理变更登记、转移登记，机动车档案转出登记地车辆管理所后，未按照本规定第十三条规定的时限到住所地车辆管理所申请机动车转入的。

第五十七条 除本规定第十条和第十六条规定的情形外，擅自改变机动车外形和已登记的有关技术数据的，由公安机关交通管理部门责令恢复原状，并处警告或者五百元以下罚款。

第五十八条 以欺骗、贿赂等不正当手段取得机动车登记的，由公安机关交通管理部门收缴机动车登记证书、号牌、行驶证，撤销机动车登记；申请人在三年内不得申请机动车登记。对涉嫌走私、盗抢的机动车，移交有关部门处理。

以欺骗、贿赂等不正当手段办理补、换领机动车登记证书、号牌、行驶证和检验合格标志等业务的，由公安机关交通管理部门处警告或者二百元以下罚款。

第五十九条 省、自治区、直辖市公安厅、局可以根据本地区的实际情况，在本规定的处罚幅度范围内，制定具体的执行标准。

对本规定的道路交通安全违法行为的处理程序按照《道路交通安全违法行为处理程序规定》执行。

第六十条 交通警察违反规定为被盗抢、走私、非法拼(组)装、达到国家强制报废标准的机动车办理登记的,按照国家有关规定给予处分,经教育不改又不宜给予开除处分的,按照《公安机关组织管理条例》规定予以辞退;对聘用人员予以解聘。构成犯罪的,依法追究刑事责任。

第六十一条 交通警察有下列情形之一的,按照国家有关规定给予处分;对聘用人员予以解聘。构成犯罪的,依法追究刑事责任:

(一)不按照规定确认机动车和审查证明、凭证的;

(二)故意刁难、拖延或者拒绝办理机动车登记的;

(三)违反本规定增加机动车登记条件或者提交的证明、凭证的;

(四)违反本规定第五十三条的规定,采用其他方式确定机动车号牌号码的;

(五)违反规定跨行政辖区办理机动车登记和业务的;

(六)超越职权进入计算机登记系统办理机动车登记和业务,或者不按规定使用机动车登记系统办理登记和业务的;

(七)向他人泄漏、传播计算机登记系统密码,造成系统数据被篡改、丢失或者破坏的;

(八)利用职务上的便利索取、收受他人财物或者谋取其他利益的;

(九)强令车辆管理所违反本规定办理机动车登记的。

第六十二条 公安机关交通管理部门有本规定第六十条、第六十一条所列行为之一的,按照国家有关规定对直接负责的主管人员和其他直接责任人员给予相应的处分。

公安机关交通管理部门及其工作人员有本规定第六十条、第六十一条所列行为之一,给当事人造成损失的,应当依法承担赔偿责任。

第五章 附　　则

第六十三条 机动车登记证书、号牌、行驶证、检验合格标志的种类、式样,以及各类登记表格式样等由公安部制定。机动车登记证书由公安部统一印制。

机动车登记证书、号牌、行驶证、检验合格标志的制作应当符合有关标准。

第六十四条 本规定下列用语的含义:

(一)进口机动车是指:

1.经国家限定口岸海关进口的汽车;

2.经各口岸海关进口的其他机动车;

3.海关监管的机动车;

4.国家授权的执法部门没收的走私、无合法进口证明和利用进口关键件非法拼(组)装的机动车。

(二)进口机动车的进口凭证是指:

1.进口汽车的进口凭证,是国家限定口岸海关签发的《货物进口证明书》;

2.其他进口机动车的进口凭证,是各口岸海关签发的《货物进口证明书》;

3.海关监管的机动车的进口凭证,是监管地海关出具的《中华人民共和国海关监管车辆

进(出)境领(销)牌照通知书》;

4. 国家授权的执法部门没收的走私、无进口证明和利用进口关键件非法拼(组)装的机动车的进口凭证,是该部门签发的《没收走私汽车、摩托车证明书》。

(三)机动车所有人是指拥有机动车的个人或者单位。

1. 个人是指我国内地的居民和军人(含武警)以及香港、澳门特别行政区、台湾地区居民、华侨和外国人;

2. 单位是指机关、企业、事业单位和社会团体以及外国驻华使馆、领馆和外国驻华办事机构、国际组织驻华代表机构。

(四)身份证明是指:

1. 机关、企业、事业单位、社会团体的身份证明,是该单位的《组织机构代码证书》、加盖单位公章的委托书和被委托人的身份证明。机动车所有人为单位的内设机构,本身不具备领取《组织机构代码证书》条件的,可以使用上级单位的《组织机构代码证书》作为机动车所有人的身份证明。上述单位已注销、撤销或者破产,其机动车需要办理变更登记、转移登记、解除抵押登记、注销登记、解除质押备案、申领机动车登记证书和补、换领机动车登记证书、号牌、行驶证的,已注销的企业的身份证明,是工商行政管理部门出具的注销证明。已撤销的机关、事业单位、社会团体的身份证明,是其上级主管机关出具的有关证明。已破产的企业的身份证明,是依法成立的财产清算机构出具的有关证明;

2. 外国驻华使馆、领馆和外国驻华办事机构、国际组织驻华代表机构的身份证明,是该使馆、领馆或者该办事机构、代表机构出具的证明;

3. 居民的身份证明,是《居民身份证》或者《临时居民身份证》。在暂住地居住的内地居民,其身份证明是《居民身份证》或者《临时居民身份证》,以及公安机关核发的居住、暂住证明;

4. 军人(含武警)的身份证明,是《居民身份证》或者《临时居民身份证》。在未办理《居民身份证》前,是指军队有关部门核发的《军官证》《文职干部证》《士兵证》《离休证》《退休证》等有效军人身份证件,以及其所在的团级以上单位出具的本人住所证明;

5. 香港、澳门特别行政区居民的身份证明,是其入境时所持有的《港澳居民来往内地通行证》或者《港澳同胞回乡证》、香港、澳门特别行政区《居民身份证》和公安机关核发的居住、暂住证明;

6. 台湾地区居民的身份证明,是其所持有的有效期六个月以上的公安机关核发的《台湾居民来往大陆通行证》或者外交部核发的《中华人民共和国旅行证》和公安机关核发的居住、暂住证明;

7. 华侨的身份证明,是《中华人民共和国护照》和公安机关核发的居住、暂住证明;

8. 外国人的身份证明,是其入境时所持有的护照或者其他旅行证件、居(停)留期为六个月以上的有效签证或者居留许可,以及公安机关出具的住宿登记证明;

9. 外国驻华使馆、领馆人员、国际组织驻华代表机构人员的身份证明,是外交部核发的有效身份证件。

(五)住所是指:

1. 单位的住所为其主要办事机构所在地的地址;

2. 个人的住所为其身份证明记载的地址。在暂住地居住的内地居民的住所是公安机关核发的居住、暂住证明记载的地址。

(六)机动车来历证明是指：

1. 在国内购买的机动车，其来历证明是全国统一的机动车销售发票或者二手车交易发票。在国外购买的机动车，其来历证明是该车销售单位开具的销售发票及其翻译文本，但海关监管的机动车不需提供来历证明；

2. 人民法院调解、裁定或者判决转移的机动车，其来历证明是人民法院出具的已经生效的《调解书》《裁定书》或者《判决书》，以及相应的《协助执行通知书》；

3. 仲裁机构仲裁裁决转移的机动车，其来历证明是《仲裁裁决书》和人民法院出具的《协助执行通知书》；

4. 继承、赠予、中奖、协议离婚和协议抵偿债务的机动车，其来历证明是继承、赠予、中奖、协议离婚、协议抵偿债务的相关文书和公证机关出具的《公证书》；

5. 资产重组或者资产整体买卖中包含的机动车，其来历证明是资产主管部门的批准文件；

6. 机关、企业、事业单位和社会团体统一采购并调拨到下属单位未注册登记的机动车，其来历证明是全国统一的机动车销售发票和该部门出具的调拨证明；

7. 机关、企业、事业单位和社会团体已注册登记并调拨到下属单位的机动车，其来历证明是该单位出具的调拨证明。被上级单位调回或者调拨到其他下属单位的机动车，其来历证明是上级单位出具的调拨证明；

8. 经公安机关破案发还的被盗抢且已向原机动车所有人理赔完毕的机动车，其来历证明是《权益转让证明书》。

(七)机动车整车出厂合格证明是指：

1. 机动车整车厂生产的汽车、摩托车、挂车，其出厂合格证明是该厂出具的《机动车整车出厂合格证》；

2. 使用国产或者进口底盘改装的机动车，其出厂合格证明是机动车底盘生产厂出具的《机动车底盘出厂合格证》或者进口机动车底盘的进口凭证和机动车改装厂出具的《机动车整车出厂合格证》；

3. 使用国产或者进口整车改装的机动车，其出厂合格证明是机动车生产厂出具的《机动车整车出厂合格证》或者进口机动车的进口凭证和机动车改装厂出具的《机动车整车出厂合格证》；

4. 人民法院、人民检察院或者行政执法机关依法扣留、没收并拍卖的未注册登记的国产机动车，未能提供出厂合格证明的，可以凭人民法院、人民检察院或者行政执法机关出具的证明替代。

(八)机动车灭失证明是指：

1. 因自然灾害造成机动车灭失的证明是，自然灾害发生地的街道、乡、镇以上政府部门出具的机动车因自然灾害造成灭失的证明；

2. 因失火造成机动车灭失的证明是，火灾发生地的县级以上公安机关消防部门出具的机动车因失火造成灭失的证明；

3.因交通事故造成机动车灭失的证明是,交通事故发生地的县级以上公安机关交通管理部门出具的机动车因交通事故造成灭失的证明。

(九)本规定所称"一日""二日""三日""五日""七日""十日""十五日",是指工作日,不包括节假日。

临时行驶车号牌的最长有效期"十五日""三十日""九十日",包括工作日和节假日。

本规定所称以下、以上、以内,包括本数。

第六十五条 本规定自2008年10月1日起施行。2004年4月30日公安部发布的《机动车登记规定》(公安部令第72号)同时废止。本规定实施前公安部发布的其他规定与本规定不一致的,以本规定为准。

附录二 机动车强制报废标准规定

附件1 非营运小微型载客汽车和大型轿车变更使用性质后累计使用年限计算公式

$$累计使用年限 = 原状态已使用年 + \left(1 - \frac{原状态已使用年}{原状态使用年限}\right) \times 状态改变后年限$$

备注：公式中原状态已使用年中不足一年的按一年计算，例如，已使用2.5年按照3年计算；原状态使用年限数值取定值为17；累计使用年限计算结果向下圆整为整数，且不超过15年。

附件2 机动车使用年限及行驶里程参考值汇总表

车辆类型与用途				使用年限（年）	行驶里程参考值（万km）
汽车	载客	营运	出租客运 小、微型	8	60
			出租客运 中型	10	50
			出租客运 大型	12	60
			租赁	15	60
			教练 小型	10	50
			教练 中型	12	50
			教练 大型	15	60
			公交客运	13	40
			其他 小、微型	10	60
			其他 中型	15	50
			其他 大型	15	80
			专用校车	15	40
		非营运	小、微型客车、大型轿车*	无	60
			中型客车	20	50
			大型客车	20	60
	载货		微型	12	50
			中、轻型	15	60
			重型	15	70
			危险品运输	10	40
			三轮汽车、装用单缸发动机的低速货车	9	无
			装用多缸发动机的低速货车	12	30
	专项作业		有载货功能	15	50
			无载货功能	30	50
挂车			半挂车 集装箱	20	无
			半挂车 危险品运输	10	无
			半挂车 其他	15	无
			全挂车	10	无
摩托车			正三轮	12	10
			其他	13	12
轮式专用机械车				无	50

注：1. 表中机动车主要依据《机动车类型 术语和定义》(GA802—2008)进行分类；标注*车辆为乘用车。

2. 对小、微型出租客运汽车(纯电动汽车除外)和摩托车，省、自治区、直辖市人民政府有关部门可结合本地实际情况，制定严于表中使用年限的规定，但小、微型出租客运汽车不得低于6年，正三轮摩托车不得低于10年，其他摩托车不得低于11年。

附录三 二手车流通管理办法

(商务部、公安部、工商总局、税务总局令2005年第2号)

第一章 总 则

第一条 为加强二手车流通管理,规范二手车经营行为,保障二手车交易双方的合法权益,促进二手车流通健康发展,依据国家有关法律、行政法规,制定本办法。

第二条 在中华人民共和国境内从事二手车经营活动或者与二手车相关的活动,适用本办法。

本办法所称二手车,是指从办理完注册登记手续到达到国家强制报废标准之前进行交易并转移所有权的汽车(包括三轮汽车、低速载货汽车,即原农用运输车,下同)、挂车和摩托车。

第三条 二手车交易市场是指依法设立、为买卖双方提供二手车集中交易和相关服务的场所。

第四条 二手车经营主体是指经工商行政管理部门依法登记,从事二手车经销、拍卖、经纪、鉴定评估的企业。

第五条 二手车经营行为是指二手车经销、拍卖、经纪、鉴定评估等。

(一)二手车经销是指二手车经销企业收购、销售二手车的经营活动;

(二)二手车拍卖是指二手车拍卖企业以公开竞价的形式将二手车转让给最高应价者的经营活动;

(三)二手车经纪是指二手车经纪机构以收取佣金为目的,为促成他人交易二手车而从事居间、行纪或者代理等经营活动;

(四)二手车鉴定评估是指二手车鉴定评估机构对二手车技术状况及其价值进行鉴定评估的经营活动。

第六条 二手车直接交易是指二手车所有人不通过经销企业、拍卖企业和经纪机构将车辆直接出售给买方的交易行为。二手车直接交易应当在二手车交易市场进行。

第七条 国务院商务主管部门、工商行政管理部门、税务部门在各自的职责范围内负责二手车流通有关监督管理工作。

省、自治区、直辖市和计划单列市商务主管部门(以下简称省级商务主管部门)、工商行政管理部门、税务部门在各自的职责范围内负责辖区内二手车流通有关监督管理工作。

第二章 设立条件和程序

第八条 二手车交易市场经营者、二手车经销企业和经纪机构应当具备企业法人条件,并依法到工商行政管理部门办理登记。

第九条 二手车鉴定评估机构应当具备下列条件:

(一)是独立的中介机构;

(二)有固定的经营场所和从事经营活动的必要设施;

(三)有 3 名以上从事二手车鉴定评估业务的专业人员(包括本办法实施之前取得国家职业资格证书的旧机动车鉴定估价师);

(四)有规范的规章制度。

第十条 设立二手车鉴定评估机构,应当按下列程序办理:

(一)申请人向拟设立二手车鉴定评估机构所在地省级商务主管部门提出书面申请,并提交符合本办法第九条规定的相关材料;

(二)省级商务主管部门自收到全部申请材料之日起 20 个工作日内作出是否予以核准的决定,对予以核准的,颁发《二手车鉴定评估机构核准证书》;不予核准的,应当说明理由;

(三)申请人持《二手车鉴定评估机构核准证书》到工商行政管理部门办理登记手续。

第十一条 外商投资设立二手车交易市场、经销企业、经纪机构、鉴定评估机构的申请人,应当分别持符合第八条、第九条规定和《外商投资商业领域管理办法》、有关外商投资法律规定的相关材料报省级商务主管部门。省级商务主管部门进行初审后,自收到全部申请材料之日起 1 个月内上报国务院商务主管部门。合资中方有国家计划单列企业集团的,可直接将申请材料报送国务院商务主管部门。国务院商务主管部门自收到全部申请材料 3 个月内会同国务院工商行政管理部门,作出是否予以批准的决定,对予以批准的,颁发或者换发《外商投资企业批准证书》;不予批准的,应当说明理由。

申请人持《外商投资企业批准证书》到工商行政管理部门办理登记手续。

第十二条 设立二手车拍卖企业(含外商投资二手车拍卖企业)应当符合《中华人民共和国拍卖法》和《拍卖管理办法》有关规定,并按《拍卖管理办法》规定的程序办理。

第十三条 外资并购二手车交易市场和经营主体及已设立的外商投资企业增加二手车经营范围的,应当按第十一条、第十二条规定的程序办理。

第三章　行　为　规　范

第十四条 二手车交易市场经营者和二手车经营主体应当依法经营和纳税,遵守商业道德,接受依法实施的监督检查。

第十五条 二手车卖方应当拥有车辆的所有权或者处置权。二手车交易市场经营者和二手车经营主体应当确认卖方的身份证明,车辆的号牌,《机动车登记证书》《机动车行驶证》,有效的机动车安全技术检验合格标志、车辆保险单、交纳税费凭证等。

国家机关、国有企事业单位在出售、委托拍卖车辆时,应持有本单位或者上级单位出具的资产处理证明。

第十六条 出售、拍卖无所有权或者处置权车辆的,应承担相应的法律责任。

第十七条 二手车卖方应当向买方提供车辆的使用、修理、事故、检验以及是否办理抵押登记、交纳税费、报废期等真实情况和信息。买方购买的车辆如因卖方隐瞒和欺诈不能办理转移登记,卖方应当无条件接受退车,并退还购车款等费用。

第十八条 二手车经销企业销售二手车时应当向买方提供质量保证及售后服务承诺,并在经营场所予以明示。

第十九条　进行二手车交易应当签订合同。合同示范文本由国务院工商行政管理部门制定。

第二十条　二手车所有人委托他人办理车辆出售的,应当与受托人签订委托书。

第二十一条　委托二手车经纪机构购买二手车时,双方应当按以下要求进行:

(一)委托人向二手车经纪机构提供合法身份证明;

(二)二手车经纪机构依据委托人要求选择车辆,并及时向其通报市场信息;

(三)二手车经纪机构接受委托购买时,双方签订合同;

(四)二手车经纪机构根据委托人要求代为办理车辆鉴定评估,鉴定评估所发生的费用由委托人承担。

第二十二条　二手车交易完成后,卖方应当及时向买方交付车辆、号牌及车辆法定证明、凭证。车辆法定证明、凭证主要包括:

(一)《机动车登记证书》;

(二)《机动车行驶证》;

(三)有效的机动车安全技术检验合格标志;

(四)车辆购置税完税证明;

(五)养路费缴付凭证;

(六)车船使用税缴付凭证;

(七)车辆保险单。

第二十三条　下列车辆禁止经销、买卖、拍卖和经纪:

(一)已报废或者达到国家强制报废标准的车辆;

(二)在抵押期间或者未经海关批准交易的海关监管车辆;

(三)在人民法院、人民检察院、行政执法部门依法查封、扣押期间的车辆;

(四)通过盗窃、抢劫、诈骗等违法犯罪手段获得的车辆;

(五)发动机号码、车辆识别代号或者车架号码与登记号码不相符,或者有凿改迹象的车辆;

(六)走私、非法拼(组)装的车辆;

(七)不具有第二十二条所列证明、凭证的车辆;

(八)在本行政辖区以外的公安机关交通管理部门注册登记的车辆;

(九)国家法律、行政法规禁止经营的车辆。

二手车交易市场经营者和二手车经营主体发现车辆具有(四)、(五)、(六)情形之一的,应当及时报告公安机关、工商行政管理部门等执法机关。

对交易违法车辆的,二手车交易市场经营者和二手车经营主体应当承担连带赔偿责任和其他相应的法律责任。

第二十四条　二手车经销企业销售、拍卖企业拍卖二手车时,应当按规定向买方开具税务机关监制的统一发票。

进行二手车直接交易和通过二手车经纪机构进行二手车交易的,应当由二手车交易市场经营者按规定向买方开具税务机关监制的统一发票。

第二十五条　二手车交易完成后,现车辆所有人应当凭税务机关监制的统一发票,按法律、法规有关规定办理转移登记手续。

第二十六条 二手车交易市场经营者应当为二手车经营主体提供固定场所和设施,并为客户提供办理二手车鉴定评估、转移登记、保险、纳税等手续的条件。二手车经销企业、经纪机构应当根据客户要求,代办二手车鉴定评估、转移登记、保险、纳税等手续。

第二十七条 二手车鉴定评估应当本着买卖双方自愿的原则,不得强制进行;属国有资产的二手车应当按国家有关规定进行鉴定评估。

第二十八条 二手车鉴定评估机构应当遵循客观、真实、公正和公开原则,依据国家法律法规开展二手车鉴定评估业务,出具车辆鉴定评估报告;并对鉴定评估报告中车辆技术状况,包括是否属事故车辆等评估内容负法律责任。

第二十九条 二手车鉴定评估机构和人员可以按国家有关规定从事涉案、事故车辆鉴定等评估业务。

第三十条 二手车交易市场经营者和二手车经营主体应当建立完整的二手车交易购销、买卖、拍卖、经纪以及鉴定评估档案。

第三十一条 设立二手车交易市场、二手车经销企业开设店铺,应当符合所在地城市发展及城市商业发展有关规定。

第四章 监督与管理

第三十二条 二手车流通监督管理遵循破除垄断,鼓励竞争,促进发展和公平、公正、公开的原则。

第三十三条 建立二手车交易市场经营者和二手车经营主体备案制度。凡经工商行政管理部门依法登记,取得营业执照的二手车交易市场经营者和二手车经营主体,应当自取得营业执照之日起2个月内向省级商务主管部门备案。省级商务主管部门应当将二手车交易市场经营者和二手车经营主体有关备案情况定期报送国务院商务主管部门。

第三十四条 建立和完善二手车流通信息报送、公布制度。二手车交易市场经营者和二手车经营主体应当定期将二手车交易量、交易额等信息通过所在地商务主管部门报送省级商务主管部门。省级商务主管部门将上述信息汇总后报送国务院商务主管部门。国务院商务主管部门定期向社会公布全国二手车流通信息。

第三十五条 商务主管部门、工商行政管理部门应当在各自的职责范围内采取有效措施,加强对二手车交易市场经营者和经营主体的监督管理,依法查处违法违规行为,维护市场秩序,保护消费者的合法权益。

第三十六条 国务院工商行政管理部门会同商务主管部门建立二手车交易市场经营者和二手车经营主体信用档案,定期公布违规企业名单。

第五章 附 则

第三十七条 本办法自2005年10月1日起施行,原《商务部办公厅关于规范旧机动车鉴定评估管理工作的通知》(商建字[2004]第70号)、《关于加强旧机动车市场管理工作的通知》(国经贸贸易[2001]1281号)、《旧机动车交易管理办法》(内贸机字[1998]第33号)及据此发布的各类文件同时废止。

参 考 文 献

[1] 卞良勇.二手车鉴定与评估[M].北京:人民交通出版社股份有限公司,国家开放大学出版社,2018.

[2] 吴丹,吴飞.旧机动车鉴定与评估[M].北京:人民交通出版社股份有限公司,2018.

[3] 裘文才.二手车评估[M].2版.北京:人民交通出版社股份有限公司,2016.

[4] 赵培全,蔡云.汽车评估学[M].2版.北京:中国水利水电出版社,2015.

[5] 屠卫星.旧机动车鉴定与评估[M].2版.北京:人民交通出版社股份有限公司,2014.

[6] 陈传灿.二手车鉴定评估[M].北京:高等教育出版社,2012.

[7] 刘仲国.旧机动车交易与评估[M].北京:机械工业出版社,2010.

人民交通出版社汽车类高职教材部分书目

书 号	书 名	作 者	定价(元)	出版时间	课 件
一、全国交通运输职业教育教学指导委员会规划教材　新能源汽车运用与维修专业					
978-7-114-14405-9	新能源汽车储能装置与管理系统	钱锦武	23.00	2018.02	有
978-7-114-14402-8	新能源汽车高压安全及防护	官海兵	19.00	2018.02	有
978-7-114-14499-8	新能源汽车电子电力辅助系统	李丕毅	15.00	2018.03	有
978-7-114-14490-5	新能源汽车驱动电机与控制技术	张利、缑庆伟	28.00	2018.03	有
978-7-114-14465-3	新能源汽车维护与检测诊断	夏令伟	28.00	2018.03	有
978-7-114-14442-4	纯电动汽车结构与检修	侯涛	30.00	2018.03	有
978-7-114-14487-5	混合动力汽车结构与检修	朱学军	26.00	2018.03	有
二、高职汽车检测与维修技术专业立体化教材					
978-7-114-14826-2	汽车文化	贾东明、梅丽鸽	39.00	2018.08	有
978-7-114-14744-9	汽车维修服务实务	杨朝、李洪亮	22.00	2018.07	有
978-7-114-14808-8	汽车检测技术	李军、黄志永	29.00	2018.07	有
978-7-114-14777-7	旧机动车鉴定与评估	吴丹、吴飞	33.00	2018.07	有
978-7-114-14792-0	汽车底盘故障诊断与修复	侯红宾、缑庆伟	43.00	2018.07	有
978-7-114-13154-7	汽车保险与理赔	吴冬梅	32.00	2018.05	有
978-7-114-13155-4	汽车维护技术	蔺宏良、黄晓鹏	33.00	2018.05	有
978-7-114-14731-9	汽车电气故障诊断与修复	张光磊、周羽皓	45.00	2018.07	有
978-7-114-14765-4	汽车发动机故障诊断与修复	赵宏、刘新宇	45.00	2018.07	有
三、交通运输职业教育教学指导委员会推荐教材、高等职业教育规划教材					
1.汽车运用与维修技术专业					
978-7-114-11263-8	■汽车电工与电子基础（第三版）	任成尧	46.00	2017.06	有
978-7-114-11218-8	■汽车机械基础（第三版）	凤勇	46.00	2018.05	有
978-7-114-11495-3	汽车发动机构造与维修（第三版）	汤定国、左适够	39.00	2018.05	有
978-7-114-11245-4	■汽车底盘构造与维修（第三版）	周林福	59.00	2018.05	有
978-7-114-11422-9	■汽车电气设备构造与维修（第三版）	周建平	59.00	2018.05	有
978-7-114-11216-4	■汽车典型电控系统构造与维修（第三版）	解福泉	45.00	2016.1	有
978-7-114-11580-6	汽车运用基础（第三版）	杨宏进	28.00	2018.03	有
978-7-114-11239-3	■汽车实用英语（第二版）	马林才	38.00	2018.08	有
978-7-114-05790-3	汽车及配件营销	陈文华	33.00	2015.08	
978-7-114-05690-7	汽车车损与定损	程玉光	30.00	2013.06	
978-7-114-13916-1	汽车专业资料检索（第二版）	张琴友	32.00	2017.08	
978-7-114-11215-7	■汽车文化（第三版）	屠卫星	48.00	2016.09	有
978-7-114-11349-9	■汽车维修业务管理（第三版）	鲍贤俊	27.00	2016.12	有
978-7-114-11238-6	■汽车故障诊断技术（第三版）	崔选盟	30.00	2017.11	有
978-7-114-14078-5	汽车维修技术（第二版）	刘振楼	25.00	2017.08	有
978-7-114-14098-3	汽车检测诊断技术（第二版）	官海兵	27.00	2017.09	有
978-7-114-14077-8	汽车运行材料（第二版）	崔选盟	25.00	2017.09	有
978-7-114-05662-1	汽车检测设备与维修	杨益明	26.00	2018.05	
978-7-114-13496-8	汽车单片机及局域网技术（第二版）	方文	20.00	2018.05	
978-7-114-05655-9	汽车车身电气及附属电气设备维修	郭远辉	26.00	2013.08	
978-7-114-10520-3	汽车概论	巩航军	29.00	2016.12	有
978-7-114-10722-1	发动机原理与汽车理论（第三版）	张西振	29.00	2017.08	有
978-7-114-10333-9	汽车维修企业管理（第三版）	沈树盛	36.00	2016.05	有
978-7-114-13831-7	汽车空调构造与维修（第二版）	杨柳青	30.00	2017.08	有
978-7-114-12421-1	汽车柴油机电控技术（第二版）	沈仲贤	26.00	2018.05	有
978-7-114-11428-1	汽车使用与技术管理（第二版）	雷琼红	33.00	2016.01	有
978-7-114-14091-4	汽车使用性能与检测技术（第二版）	巩航军	30.00	2017.09	有
978-7-114-11729-9	汽车保险与理赔（第四版）	梁军	32.00	2018.02	有

书 号	书 名	作 者	定价（元）	出版时间	课件
978-7-114-14306-9	汽车装潢与美容技术（第二版）	全华科友	33.00	2018.05	有
2. 汽车营销与服务专业					
978-7-114-11217-1	■旧机动车鉴定与评估（第二版）	屠卫星	33.00	2018.05	有
978-7-114-14102-7	汽车保险与公估（第二版）	荆叶平	36.00	2017.09	有
978-7-114-08196-5	汽车备件管理	彭朝晖、倪红	22.00	2018.07	
978-7-114-11220-1	汽车结构与拆装（第二版）	潘伟荣	59.00	2016.04	有
978-7-114-07952-8	汽车使用与维修	秦兴顺	40.00	2017.08	
978-7-114-08084-5	汽车维修服务	戚叔林、刘焰	23.00	2015.08	
978-7-114-11247-8	■汽车营销（第二版）	叶志斌	35.00	2018.03	有
978-7-114-11741-1	汽车使用与维护	王福忠	38.00	2018.05	有
978-7-114-14028-0	汽车保险与理赔（第二版）	陈文均、刘资媛	22.00	2017.08	
978-7-114-14869-9	汽车维修服务接待（第2版）	王彦峰、杨柳青	28.00	2018.08	
978-7-114-14015-0	客户沟通技巧与投诉处理（第二版）	韦峰、罗双	24.00	2017.09	
978-7-114-13667-2	服务礼仪（第二版）	刘建伟	24.00	2017.05	
978-7-114-14438-7	汽车电子商务（第三版）	张露	29.00	2018.02	有
978-7-114-07593-3	汽车租赁	张一兵	26.00	2016.06	
3. 汽车车身维修技术专业					
978-7-114-11377-2	■汽车材料（第二版）	周燕	40.00	2016.04	有
978-7-114-12544-7	汽车钣金工艺	郭建明	22.00	2015.11	有
978-7-114-12311-5	汽车涂装技术（第二版）	陈纪民、李扬	33.00	2016.11	有
978-7-114-09094-3	汽车车身测量与校正	郭建明、李占峰	22.00	2018.05	
978-7-114-11595-0	汽车车身焊接技术（第二版）	李远军、李建明	28.00	2018.03	有
978-7-114-13885-0	汽车车身修复技术（第二版）	韩星、陈勇	29.00	2017.08	有
978-7-114-09603-7	汽车车身构造与修复	李远军、陈建宏	38.00	2016.12	
978-7-114-12143-2	车身结构及附属设备（第二版）	袁杰	27.00	2017.06	
978-7-114-13363-3	汽车涂料调色技术	王亚平	25.00	2016.11	有
4. 汽车制造与装配技术专业					
978-7-114-12154-8	汽车装配与调试技术	刘敬忠	38.00	2018.06	
978-7-114-12734-2	车身焊接技术	宋金虎	39.00	2016.03	有
978-7-114-12794-6	汽车制造工艺	马志民	28.00	2016.04	有
978-7-114-12913-1	汽车AutoCAD	于宁、李敬辉	22.00	2016.06	
四、新能源汽车技术专业职业教育创新规划教材					
978-7-114-13806-5	新能源汽车概论	吴晓斌、刘海峰	28.00	2018.08	有
978-7-114-13778-5	新能源汽车高压安全与防护	赵金国、李治国	30.00	2018.03	有
978-7-114-13813-3	新能源汽车动力电池与驱动电机	曾鑫、刘涛	39.00	2018.05	有
978-7-114-13822-5	新能源汽车电气技术	唐勇、王亮	35.00	2017.06	有
978-7-114-13814-0	新能源汽车维护与故障诊断	包科杰、徐利强	33.00	2018.05	有
五、职业院校潍柴博世校企合作项目教材					
978-7-114-14700-5	柴油机构造与维修	李清民、栾玉俊	39.00	2018.07	
978-7-114-14682-4	商用车底盘构造与维修	王林超、刘海峰	43.00	2018.07	
978-7-114-14709-8	商用车电气系统构造与维修	王林超、王玉刚	45.00	2018.07	
978-7-114-14852-1	柴油机电控管理系统	王文山、李秀峰	22.00	2018.08	
978-7-114-14761-6	商用车营销与服务	李景芝、王桂凤	40.00	2018.08	
六、高等职业教育汽车车身维修技术专业教材					
978-7-114-14720-3	汽车板件加工与结合工艺	王选、赵昌涛	20.00	2018.07	有
978-7-114-14711-1	轿车车身构造与维修	李金文、高窦平	21.00	2018.07	有
978-7-114-14726-5	汽车修补涂装技术	王成贵、贺利涛	22.00	2018.07	有
978-7-114-14727-2	汽车修补涂装调色与抛光技术	肖林、廖辉湘	32.00	2018.07	有

■为"十二五"职业教育国家规划教材。咨询电话：010-85285962、85285977；咨询QQ：616507284、99735898。